Handbuch

HUNDE

Gesamtherstellung: Honos Verlag GmbH, Köln

ISBN 3-8299-0576-9
www.honos-verlag.de

Bildnachweis:
Henry Ausloos / Okapia KG: S. 267; E. A. Baumbach / Okapia KG: S. 90; Rolf Bender / Okapia KG: S. 191; Michael Bernkopf / Okapia KG: S. 29; Bernd Brinkmann / Okapia KG: S. 94, 107, 115, 137, 141, 155, 169, 205; Zack Burris Inc. / Okapia KG: S. 39, 200; A. & S. Carey / Okapia KG: S. 31; Susanne Danegger / Okapia KG: S. 233; Josef Ege / Okapia KG: S. 77; Cheryl A. Ertelt / Okapia KG: S. 117; Erich Geduldig / Okapia KG: S. 143; Oliver Giel / Okapia KG: S. 23; Christian Grzimek / Okapia KG: S. 68, 255; Hermeline / Cogis / Okapia KG: S. 176, 245; Barbara von Hoffmann / Okapia KG: S. 82, 95, 146; Dieter Hopf / SAVE / Okapia KG: S. 69; J-L Klein & M-L Hubert / Okapia KG: S. 28, 37, 51, 55, 57, 59, 60, 104, 111, 121, 149, 161, 163, 178, 180, 184, 202, 232, 239, 242, 245, 247, 248, 259, 279; Rolf Koepfle / Okapia KG: S. 15, 213; Bruno Meier / Okapia KG: S. 243; J.M. Labat / Auscape / SAVE / Okapia KG: S. 4; Labat / Cogis / Okapia KG: S. 105, 145, 167; Lanceau / Cogis / Okapia KG: S. 32, 126, 132, 192; Lothar Lenz / Okapia KG: S. 70, 85, 221, 229; Hans Reinhard / Okapia KG: S. 133, 187, 230; Herb Segars / Okapia KG: S. 44; Christine Steimer / Okapia KG: S. 10, 21, 27, 46, 50, 89, 96, 125, 219, 231, 235, 239, 241; Klaus Sudbrack / Okapia KG: S. 171; Vedie / Cogis / Okapia KG: S. 47; Karl Gottfried Vock / Okapia KG: S. 159; Jörg & Petra Wegner / Okapia KG: S. 13
Alle übrigen Abbildungen stammen aus dem Archiv des Verlages.

Handbuch
HUNDE

HONOS
VERLAG

Inhalt

Einleitung

Der Hund ist seit vielen Jahrtausenden ein nützlicher und treuer Begleiter des Menschen. Im Laufe der Geschichte hat er vielfältige Aufgaben für den Menschen übernommen. Auch heute noch hilft der Hund dem Menschen bei einer Reihe schwieriger Arbeiten und in vielen Lebenslagen.

Für viele Menschen ist heute aber nicht mehr so wichtig, dass ein Hund sich für ganz spezielle Aufgaben eignet, für die er eine besondere Ausbildung braucht. Eine Ausnahme bilden die Blindenhunde. Ein blinder Mensch, der sich solch einem Hund anvertraut, muss auch darauf vertrauen, dass das Tier sehr gut ausgebildet ist.

Aber für viele andere ist einfach entscheidend, dass der Hund ein nettes Wesen hat und sich mit ihnen wohl fühlt. Viele Menschen schaffen sich heute einen Hund an, weil sie einen unterhaltsamen, treuen und wachsamen vierbeinigen Begleiter suchen. Und der Hund schafft es spielend, diese Aufgabe zu bewältigen.

In vielen Haushalten freuen sich Menschen, wenn sie nach Hause kommen und freudig von einem Vierbeiner begrüßt werden. Millionen Menschen genießen es, wenn ein Hund sich zu ihren Füßen ausstreckt und sie abends nicht allein zu Hause sind. Für viele, die ansonsten über Bewegungsmangel klagen würden, ist der Hund ein willkommener Anlass, sich im Freien zu bewegen. Eine große Zahl von Einbrüchen ist von wachsamen Hunden, die rechtzeitig angeschlagen haben, verhindert worden.

Hunde machen Freude, sie können das Leben eines Menschen ungemein bereichern. Das tun sie, ohne dafür monatlichen Lohn zu verlangen. Wir Menschen können und müssen nur eines für sie tun: sie sehr gut behandeln.

Die Anschaffung

Ein Hund ist ein Lebewesen, das respektiert werden muss. Jeder, der sich einen Hund anschaffen möchte, sollte sich darüber im Klaren sein.

Vor der geplanten Anschaffung eines Hundes setzt man sich am besten erst einmal in Ruhe hin und denkt nach. Will man tatsächlich einen Hund bei sich zu Hause halten – oder findet man Hunde vielleicht doch nur sehr putzig? Will man dem Vierbeiner auf Dauer ein Zuhause geben?

Genauso wichtig ist die Frage, ob man das auch tatsächlich kann. Lassen die eigenen Lebensumstände es zu, dass man einen Hund artgerecht hält? Wenn man sich für einen Hund entscheidet, will das gut überlegt sein – und das Ergebnis des Nachdenkens muss auf Dauer gelten. Denn die normale Lebenserwartung eines Hundes beträgt etwa zwölf bis 16 Jahre. Mit etwas Glück und guter Pflege kann er auch älter werden.

Einem Hund tut es nicht gut, wenn er mehrmals in fremde Hände gegeben wird. Das sollte schon vor der Anschaffung bedacht werden. Eine Entscheidung für einen Hund ist keine willkürliche, sondern eine bindende.

Pflicht und Kür

Es ist eine Freude, von einem Vierbeiner schon an der Haustür begrüßt zu werden. Es macht Freude anzuschauen, wie niedlich Hunde an ihrem Lieblingsplatz liegen und schlafen. Es macht viel Spaß, mit ihnen herumzutollen. Aber Hundehaltung bedeutet nicht nur Spaß. Auch für sie gilt: Vor der Kür kommt die Pflicht.

Wer schon einen Hund hat, der weiß, wovon die Rede ist. Eine der ersten Pflichten sind die regelmäßigen Spaziergänge. Mit „Gassi gehen" ist nicht der kürzeste Weg zum nächsten Gebüsch gemeint. Hunde brauchen viel Auslauf. Mehrmals am Tag müssen sie ausgeführt werden. Frisches Wasser muss immer bereitstehen. Der Fressnapf muss regelmäßig gefüllt werden. Fertiges Futter einkaufen oder Futter zubereiten, den Napf füllen, den schmutzigen Napf säubern, das sind alles kleine zusätzliche Haushaltspflichten, die mit der Hundehaltung entstehen.

Ein Hund fühlt sich nur wohl, wenn man all die kleinen Pflichten übernimmt, die mit der Hundehaltung anfallen.

TIPP

Wer sich einen Hund als Haustier hält, der ist verantwortlich für alles, was sein Hund tut. Das schreibt das Gesetz so vor. Und diese Verantwortung kann nicht nur viel Ärger, sondern auch hohe Kosten mit sich bringen. Es lohnt sich, vor der Anschaffung des Hundes gut nachzudenken, ob man diese Verantwortung übernehmen kann und will. Es empfiehlt sich für jeden Hundehalter eine Haftpflichtversicherung für das Tier abzuschließen.

Zeit und Platz

Einen Hund holt man nicht wie ein Spielzeug hervor, wenn einem gerade danach ist. Ein Hund hat regelmäßige und dauernde Bedürfnisse, die zu erfüllen Zeit erfordert.

Dem Hund die Zuwendungen zu geben, die er braucht, heißt: auf andere Beschäftigungen das eine oder andere Mal zu verzichten.

Eine erste Überlegung: Ein Hund kann nicht den ganzen Tag alleine zu Hause bleiben. Er braucht Gesellschaft, und er muss mehrmals am Tag ausgeführt werden. Spaziergänge nehmen Zeit in Anspruch. Ein Hundespaziergang führt, wie schon gesagt, nicht nur bis zum nächsten Gebüsch. Der Hund braucht Zuwendung. Auch dafür muss man sich Zeit nehmen können. Mit dem Hund herumtollen, ihn loben, ihn streicheln, das alles kostet Zeit. Auch notwendige Erledigungen und Hundepflege brauchen Zeit. Der Einkauf des Hundefutters, der Anruf beim Tierarzt, die Fahrt dorthin, Wartezeit und Behandlung in der Praxis, das dauert schon eine Weile. Bürsten, vielleicht auch der Gang zum Hundefriseur, wenn das Fell zu lang geworden ist – all das ist zeitaufwändig. Gerade am Anfang mag einem das sehr gefallen – aber schenkt man dem Hund auch auf Dauer so viel Zeit, wie er braucht? Tut man es nicht, verkümmert der Hund.

Genügend Platz für den Hund muss zunächst einmal in der Wohnung sein. Der Hund braucht ein Plätzchen, auf das er sich zurückziehen kann. Ein Hund muss, wenn ihm danach ist, auch ungestört sein können. Leben Hund und Mensch ganz ohne Ausweichmöglichkeit aufeinander, stört das schon nach ein paar Tagen auch den Menschen. Spannungen und Aggressionen sind die Folge. Wer vor der Entscheidung steht, sich einen Hund anzuschaffen, sollte unbedingt überlegen, für welche Hundegröße und welches Hundetemperament er Raum bieten kann. Ein kleiner Hund in einer großen Wohnung – das ist kein Fehler. Ein großer Hund in einer kleinen Wohnung – das ist in der Regel Tierquälerei.

Woher kommt der Hund?

Schon sieht man sich im Geiste mit dem neuen Vierbeiner durch Wald und Wiesen streifen – doch noch hat man ihn nicht! Woher bekommt man einen Hund? Es gibt mehrere Möglichkeiten. Zum Beispiel könnte es sein, dass man von Bekannten erfährt, dass sie ihren Hund abgeben wollen. Die Entscheidung für diesen Hund hat den Vorteil, dass man sehr viel über ihn erfahren und sich gut auf ihn einstellen kann. Häufiger dürfte der Fall eintreten, dass jemand eine Hündin hat, die Junge bekommt. Diese Welpen möchte der Betreffende dann an Bekannte weitergeben. Eine weitere Möglichkeit, von privat einen Hund zu bekommen: Manche Tierärzte wissen, wer einen Hund abgeben möchte. In der Regel handelt es sich dabei um Tiere, die der Tierarzt als Patienten schon kennt.

INFO

Es gibt eine Entscheidungshilfe im Züchterdschungel: die Mitgliedschaft im Verband für das Deutsche Hundewesen e. V. (VDH). Heute gehören dem VDH mehr als 160 Rassehundezuchtvereine und Hundesportvereine an. Für einen Kunden, der sich einen Hund kaufen möchte, bedeutet es einen Vorteil, wenn der Züchter VDH-Mitglied ist: Jeder VDH-Züchter muss bestimmte Mindeststandards erfüllen. Dazu gehört beispielsweise, dass die Elterntiere gesund sind und dass genügend Platz für die Tiere vorhanden ist.

Wer einen jungen Hund einer ganz bestimmten Rasse haben möchte, wird in der Regel einen seriösen Züchter suchen. Für viele, die noch nie mit Hunden zu tun hatten, ist die Wochenendausgabe der Zeitung der erste Kontakt in Richtung Züchter. „Bildhübsche Zucht-Langhaardackel mit Zertifikat abzugeben" oder: „Colliewelpen mit Papieren" steht dort vielleicht geschrieben. Man ist begeistert, denn ein Hund genau dieser Rasse soll es sein – und man möchte ihn nicht irgendwo, sondern bei einem guten Züchter kaufen. Aber Vorsicht: Solche Anzeigen sind absolut keine Qualitätsgarantie.

Wichtiges für den Welpen

Hat man sich entschieden, welches Tier man wo und wann kaufen und abholen möchte, so sind noch einige Vorüberlegungen und Vorbereitungen notwendig, bevor der Vierbeiner in sein neues Zuhause kommen kann. Dabei ist es ein großer Unterschied, ob der neue Mitbewohner ein erwachsener Hund oder ein Welpe ist. Für einen Welpen braucht man eine besondere erste Ausstattung – und man macht auch einiges anders als beim erwachsenen Hund. Es ist ganz wichtig, dass man sich vorher informiert. Denn der kleine Vierbeiner ist ja das erste Mal in seinem Leben von seiner Mutter und seinen Geschwistern getrennt. Und erzogen ist er bisher kaum.

Wenn man einen erwachsenen Hund zu sich nach Hause holt, ist es wichtig, in welchem Gesundheitszustand sich das Tier befindet. Der Hund sollte schon möglichst vorher gründlich vom Tierarzt kontrolliert worden sein und selbstverständlich die üblichen Impfungen bekommen haben. Andernfalls nimmt man sich gleich – am besten schon am ersten Tag – Zeit für einen Tierarztbesuch mit dem neuen vierbeinigen Mitbewohner.

Der Tierarzt ist eine unerlässliche Station – das gilt in ganz besonderem Maße auch für einen Welpen. Man nimmt den Baby-Vierbeiner keineswegs einfach ohne ärztliche Vorbehandlung mit nach Hause. Der Welpe muss untersucht, gegen Würmer behandelt und geimpft werden. Ein seriöser Züchter wird den Welpen ordnungsgemäß behandelt abgeben – nach einer mindestens dreimaligen Entwurmungskur und mit Grundimpfungen gegen Staupe, Hepatitis, Leptospirose und Parvovirose. Ein Impfpass dient als Nachweis für die Impfung und als Erinnerung für den neuen Besitzer, wann die nächsten Impfungen fällig sind.

Die Welpenernährung

Ganz wichtig ist auch die Ernährung des Welpen. Sie bestimmt in entscheidendem Maße mit, wie gesund der erwachsene Hund später einmal sein wird.

Man fragt den Züchter nach einem Ernährungsplan. Manche Züchter haben schon einen solchen Plan vorbereitet, andere geben sicher gerne Auskunft. Es kann auch möglich sein, dass man ein kleines Verpflegungspaket für die allererste Zeit des Welpen im neuen Zuhause mitbekommt.

Zwei bis drei Mahlzeiten pro Tag sind zu empfehlen. Trockenfutter kann man etwa ab dem dritten Monat für einen Teil der täglichen Nahrung verwenden. In punkto Welpenernährung ist es ratsam, Fachbücher zu konsultieren oder mit Fachleuten zu sprechen. Man kann nämlich einiges nicht mit bloßem Auge abschätzen.

TIPP

Der Trennungszeitpunkt

Ab wann kann man einen Welpen mit nach Hause nehmen? Volle acht Wochen alt müssen die Tiere mindestens sein, sagen Fachleute. Die kleinen Hunde brauchen diese Zeit mit ihrer Mutter und ihren Geschwistern für die Entwicklung ihrer Hundepersönlichkeit – und auch, damit sich der Impfschutz ausbilden kann. Ein Züchter, der Welpen abgibt, die deutlich jünger sind, gerät leicht in den Verdacht, das Wohl der Tiere zu missachten.

Zum Beispiel muss Überernährung nicht zwingend sichtbares Übergewicht zur Folge haben. Es kann auch sehr gut sein, dass der Hund zu schnell wächst, wenn er zu viel Nahrung zu sich nimmt. Gerade der Laie unter den Hundebesitzern wird das nicht erkennen können.

Fachlicher Rat ist auch besonders notwendig, wenn es um die Nährstoffzusammensetzung für den jungen Hund geht. Denn bei Nährstoffen wie zum Beispiel Vitaminen und Mineralien gilt nicht unbedingt: „Besser zu viel als zu wenig". Zu viel kann durchaus auch schaden.

Die Erstausstattung

Jeder Welpe hat individuelle Bedürfnisse, über die man einiges beim Züchter erfahren kann und die einem bei liebevoller Beobachtung auch nicht entgehen. Aber einige Standardgegenstände sollte man für jeden Welpen bereithalten.

Dazu gehört zunächst ein Schlaflager. Der erste Schlafplatz muss nicht besonders aufwändig oder teuer sein. Es kann schon ein Karton reichen, aus dem man eine Seite herausschneidet, damit der kleine Hund hineinklettern kann. Man kann den Karton mit Zeitung und darauf mit einer Decke und schließlich mit einem kleineren Tuch auslegen. Das Tuch und auch die Decke kann der Welpe sich dann gemütlich zusammenschieben. Sehr glatte Unterlagen geben dem Hund dagegen nur wenig Geborgenheit. Wo das Schlaflager am ersten Tag, in der nächsten Nacht und in der folgenden Zeit genau stehen wird, das kann man noch offen lassen.

Außerdem braucht ein Welpe einen Wassernapf und einen Futternapf. Beide sollten an einem Platz stehen, der dem Hund gut zugänglich ist und den man ohne Probleme reinigen kann. Frisches Wasser muss immer wieder nachgefüllt werden. Unter den Futternapf kann man ein Stück Zeitung legen.

Das erweist sich oft als praktisch, weil verstreute Nahrung dann zumindest zum größten Teil auf der Zeitung liegt und man sie nicht umständlich einsammeln muss. Auch das Welpenfutter muss im Haus sein, wenn der kleine Vierbeiner ankommt.

Schlafplatz und Futter sind noch nicht alles: Ganz wichtig sind auch Halsband und Leine. Der Welpe braucht eine kleinere und leichtere Ausführung von beidem als der ausgewachsene Hund. Am Halsband werden Steuermarke und ein kleines Täschchen mit dem Namen, der Telefonnummer und der Adresse des neuen Besitzers befestigt – für den Fall, dass der kleine Hund verloren geht.

Die ersten Nächte

Es gibt zwei Meinungen, wie ein junger Hund die erste Nacht im neuen Heim verbringen sollte. Die erste geht davon aus, dass man alles in seinen Kräften Stehende tun soll, um dem kleinen Hund den Trennungsschmerz und die Einsamkeit zu nehmen. Konkret gesprochen: Der Welpe darf mit ins Bett, wo er sich ankuscheln kann und sich viel weniger einsam fühlt. Die zweite Meinung geht davon aus, dass man einem Welpen nichts, aber auch gar nichts von dem erlauben soll, was er später auch nicht darf. Das heißt konkret: Wenn man den erwachsenen Hund später nicht im Bett haben will, darf man den Welpen auch nicht in den ersten Nächten ins Bett lassen.

Wie so oft kann man einen Kompromiss als sinnvolle Lösung ansehen. Wer schon einmal einen Welpen zu

TIPP

Kein Trubel

Natürlich möchte man als frisch gebackener Hundebesitzer den neuen Vierbeiner gleich jedem zeigen. Darauf sollte man allerdings besser verzichten, bis sich der Hund eingewöhnt hat. Es verwirrt ihn und tut ihm gar nicht gut, wenn ständig andere Menschen um ihn herum sind. In der ersten Zeit soll sich der Welpe an die Menschen gewöhnen, mit denen er sein Leben verbringen wird.

Hause hatte, weiß, dass es nicht leicht ist, angesichts eines fiependen, ruhelosen kleinen Hundes überhaupt Konsequenz zu entwickeln. Es ist aber tatsächlich so: Je früher man einen Hund an bestimmte Dinge gewöhnt, um so selbstverständlicher und reibungsloser funktionieren sie später. Der Hund kommt nicht ins Bett, aber er muss auch nicht allein in seiner Kiste, seinem Karton oder seinem Körbchen in einem anderen Raum liegen. Man rückt das Schlaflager des Hundes in der ersten Nacht neben das eigene Bett. Da kann man ihm gut zureden und ihn beruhigend streicheln. Der Hund ist zwar in seiner neuen Umgebung, aber er ist nicht ganz allein. In den folgenden Nächten, wenn der Hund langsam sicherer wird, stellt man seine Kiste immer ein kleines Stückchen weiter weg.

Welche Rasse passt?

Ist einmal die wohl überlegte Entscheidung gefallen, sich einen Hund anzuschaffen, ist man mit dem Überlegen noch nicht am Ende. Denn einen Hund anzuschaffen, das heißt ja nicht: irgendeinen Hund! Es muss genau der Hund sein, der zu einem selbst, zur Familie oder den anderen Menschen im Umfeld passt. Und alle Bedingungen wie Platz, Zeit und Geld müssen auch stimmen. Da gilt es eine Reihe von Aspekten zu berücksichtigen und verschiedene Fragen zu beantworten.

Ganz wichtig: Man darf sich bei der Anschaffung eines Hundes auf keinen Fall nur vom Gefühl leiten lassen. Der Verstand ist bei einer solchen Angelegenheit mindestens genauso wichtig. Denn jede noch so spontane Entscheidung beim Hundekauf bindet für eine lange Zeit. Was hätte es für einen Sinn, sich einen niedlichen kleinen Hund zu kaufen, wenn man ein begeisterter Rennradfahrer ist und täglich nach Feierabend Strecken fährt, die der Kleine zu Fuß niemals schaffen könnte? Oder was hätte es für einen Sinn, sich einen knuffig aussehenden großen Hund anzuschaffen, wenn man nachher im Einzimmerappartement nicht einmal weiß, wohin man mit dem Körbchen soll? Deshalb heißt es: Herz und Verstand müssen sich einig sein, wenn der vierbeinige Mitbewohner ausgesucht wird. Es gibt viel zu bedenken.

Kleiner oder großer Hund?

Genügend Platz in der Wohnung oder im Haus, eventuell ein Garten, in dem der Hund Auslauf haben kann – das sind wichtige Bedingungen für die Hundehaltung, vor allem, wenn es um große Hunde geht. Kleinere Hunde wie zum Beispiel Pekinesen, Zwergpinscher und Yorkshireterrier können bei angemessenem Auslauf auch in einer Stadtwohnung gehalten werden. Bei mittelgroßen und insbesondere bei großen Rassen ist eine Wohnung in vielen Fällen nicht der geeignete Lebensraum.

Es gibt aber noch andere Umstände außer dem Wohnraum, die man bei der Entscheidung für einen großen oder einen kleinen Hund berücksichtigen sollte. Dazu gehört zum Beispiel die Überlegung, wie man den Hund über längere Strecken transportieren will. Hat man ein Auto, stellt sich die Frage, wo der Hund dort sinnvoll Platz findet.

Für den, der Probleme hat, sich die Größe eines Hundes vorzustellen, den er noch nicht oder nur als Welpen gesehen hat, sei hier ein Tipp gegeben: Man kann die angegebene Schulterhöhe des Tieres einmal am eigenen Bein abmessen – dann sieht man, bis wohin einem der Hund reicht.

TIPP

Es bietet sich an, einen Karton, der ungefähr der Größe des Hundes entspricht, mit in die Wohnung zu bringen und an verschiedenen Stellen zu platzieren. Man kann dann schon grob abschätzen, welchen Platz der Vierbeiner in der Umgebung einnehmen wird. Dabei ist der Karton natürlich nur ein Provisorium.

Familienhund oder nicht?

Wenn man eine große Familie hat, braucht man einen Hund, der sich gut auf mehrere Menschen einstellen kann und der kein ausgesprochener „Ein-Mann-Hund" ist. Hat man Kinder oder möchte man in den nächsten Jahren Kinder bekommen, dann sollte man sich einen Hund aussuchen, der als kinderfreundlich gilt. Ob ein Hund sich tatsächlich auch kinderfreundlich verhält, wird stark von seiner Erziehung mitbestimmt. Dennoch lohnt es sich, vor der Anschaffung beim Züchter, beim Vorbesitzer oder beim Tierheim die Fragen der Kinderfreundlichkeit und Familieneignung ausführlich zu besprechen. Durch diese ersten kritischen Erkundigungen vermeidet man Schwierigkeiten, die andernfalls über Jahre hinweg immer wieder auftreten.

Kein Hund kann den ganzen Tag allein zu Hause verbringen. Einige Hunde sind sogar ganz besonders darauf angewiesen, dass jemand bei ihnen ist. Andere sind robuster und können ohne Probleme die eine oder andere Stunde allein zu Hause verbringen. Es ist also wichtig, auch die Frage, wer wann zu welcher Zeit und wie lange zu Hause ist, bei der Anschaffung eines Hundes zu berücksichtigen.

Schließlich ist da noch die Frage: Hündin oder Rüde? Hündinnen wird nachgesagt, sie seien eher anhänglich und liebevoller im Umgang. Rüden gelten dagegen als tendenziell unabhängiger und eigensinniger. Zu bedenken ist, dass Hündinnen zweimal pro Jahr läufig werden und man in dieser Zeit sehr gut auf sie aufpassen muss, um unerwünschten Nachwuchs zu verhindern. Andererseits sind Rüden grundsätzlich immer bereit, Nachwuchs zu zeugen – auch das heißt, dass man einen Rüden gut im Auge behalten muss.

Die Wohnlage

Nicht nur die Wohnung selbst, sondern auch die Lage einer Wohnung im Haus und die Lage des Hauses in der Umgebung sind wichtige Rahmenbedingungen für den Hundekauf. Für viele Hunde ist es sehr ungesund, Treppen zu steigen. Je nachdem, auf welcher Etage die Wohnung liegt, muss man den Hund tragen können, wenn kein Aufzug vorhanden ist.

Daher kann es ganz entscheidend sein, bei der Besichtigung eines zarten, kleinen Welpen abzuschätzen, wie schwer er als ausgewachsenes Tier wohl einmal sein wird. Auch das weitere Umfeld, in dem man wohnt, sollte zusammen mit den persönlichen Möglichkeiten, Grün- und Waldflächen zu erreichen, in die Überlegung bei der Hundewahl einbezogen werden. Zum Beispiel sollte man sich keinen ausgesprochen lauffreudigen Hund anschaffen, wenn weit und breit keine einzige Freifläche gut erreichbar ist.

INFO

Wer in einer Mietwohnung wohnt, muss vor der Anschaffung eines Hundes auf jeden Fall klären, ob die Hundehaltung überhaupt erlaubt ist. Es gilt festzustellen, ob Hundehaltung generell verboten ist oder ob sie von der ausdrücklichen Zustimmung des Vermieters abhängig gemacht wird. Dabei ist es für den Vermieter sicherlich von Interesse, um welchen Hund es gehen soll. Wenn ein Zwergdackel erlaubt ist, ist möglicherweise ein Rottweiler unerwünscht.

Außerdem ist es längst nicht jedermanns Sache, das Haarkleid des Vierbeiners jeden Tag gründlich und lange zu kämmen und zu bürsten. Und es passt auch nicht jedem, wenn der Teppich voller langer Hundehaare ist – seien sie am Tier auch noch so schön. Deshalb heißt es, vor der Anschaffung des Hundes darüber nachzudenken, mit welcher Fellart man auf Dauer gut zurechtkommt. Man unterscheidet im Wesentlichen zwischen Kurzhaar, Rauhaar und Langhaar.

Futter und Haltung

Ein Hund ist kein Mensch. Er hat seine eigene Wahrnehmung der Dinge. Man darf nicht den Fehler machen, in einem Hund so etwas wie einen dummen Zweibeiner zu sehen. Das führt nur zu Missverständnissen. Vielmehr sollte man sich auf das Experiment einlassen, die Dinge auch einmal so zu sehen, wie der Hund sie sieht.

Da mag zum Beispiel ein Hund sein, der große Angst vor dem Wasser hat. Es hat überhaupt keinen Sinn, diesem Hund mit vielen Worten die Angst vor dem Wasser nehmen zu wollen. Sinn macht es, die Angst des Hundes zu akzeptieren. Man kann dann versuchen, sie ihm abzugewöhnen. Vielleicht gelingt es. Man kann sich zum Beispiel im Sommer selbst mit den Füßen in ein flaches Gewässer stellen und den Hund rufen. Man lockt ihn mit einem Leckerbissen. Es wäre nicht das erste Mal, dass ein Hund der Versuchung, den Leckerbissen zu bekommen, nicht widerstehen kann und ins Wasser kommt. Das klappt nicht immer auf Anhieb, aber vielleicht nach einigen Versuchen. Hat der Hund in seinem Gedächtnis erst einmal die angenehme Erfahrung, einen Leckerbissen zu bekommen, mit dem Wasser verbunden, dann ist ihm schon ein Teil seiner Angst vor dem Wasser genommen.

Ein zweites Beispiel: Der Hund läuft auf einen anderen Hund zu. Er bellt und knurrt. Plötzlich wirft er sich auf den Rücken – und schon liegt er im Matsch, das Fell ist verschmiert. Der Hund denkt nicht an den Teppichboden zu Hause, wenn er sich auf den Rücken wirft. Das kann und darf man auch nicht von ihm erwarten. Es macht nicht den geringsten Sinn, den Hund von einem solchen Tun abhalten zu wollen. Er wirft sich auf den Boden, weil er dem anderen Hund seine Unterlegenheit zu erkennen gibt. Eine Demutsgeste ist das, ein Kampf wird so vermieden. Wer weiß, was diese kleine Geste bedeutet, wird seinen Hund nicht schelten, auch wenn er nachher das Fell säubert. Wer sich einen Hund hält, muss sich auch fremde Weisen der Wahrnehmung zu eigen machen.

Die Ernährung

Hunde brauchen eine andere Ernährung als Menschen. Bei der Zusammenstellung eines Ernährungsplans spielen mehrere Aspekte eine Rolle. Zum einen geht es darum, dass der Hund die notwendigen Nährstoffe in ausreichender Menge bekommt. Zum anderen muss das Futter gut bekömmlich sein – und es muss dem Hund schmecken. Bei der Ernährung des Hundes berücksichtigt man auch, ob der Hund ein guter oder ein schlechter Futterverwerter ist. Und schließlich hängt es ganz entscheidend vom Alter des Hundes ab, was er zu fressen bekommt.

Wenn man den Welpen zu sich nimmt, sollte man in der ersten Zeit das Futter weitergeben, das er auch in seinem alten Zuhause bekommen hat. Die Ernährung in der Welpenzeit stellt mit die Weichen dafür, wie gesund und kraftvoll der Hund später einmal wird. Dabei heißt es: Genug, aber maßvoll füttern! Zu Beginn füttert man noch zwei- bis dreimal am Tag. Wird der Hund später erwachsen, kann man langsam zu nur einer Mahlzeit pro Tag übergehen.

Der Hund bekommt zwei ausreichend große, stabile und schwere Näpfe, einen für Wasser und einen für Futter. Schwer sollten die Näpfe sein, damit sie nicht dauernd verschoben werden oder umkippen. Die Näpfe müssen regelmäßig gereinigt werden, insbesondere der Futternapf.

Welches Futter?

Grundsätzlich gibt es zwei Möglichkeiten der Hundeernährung. Zum einen können Rohstoffe und andere Zutaten eingekauft und zubereitet werden, zum anderen gibt es Fertignahrung zu kaufen. Ganz wichtig: Keinesfalls darf rohes Schweinefleisch gefüttert werden, da es das Aujezky-Virus enthalten und deshalb mit tödlichen Folgen für den Hund verbunden sein kann. Das Virus kann auch in nicht näher bezeichneten Fleischabfällen enthalten sein – sogar in anderen rohen Fleischsorten, die mit demselben Messer oder Fleischwolf wie infiziertes Schweinefleisch zerkleinert wurden. Daher ist es immer besser, Fleisch und auch Knochen abzukochen. In jedem Fall muss der Hundehalter, der selbst Futter zusammenmischt, sehr gut informiert sein. Detaillierte Fachbücher sind hierbei eine sinnvolle Investition.

Fertigfutter, das es als Dosen- und als Trockenfutter gibt, enthält in der Regel alles, was der Hund braucht. Wer Trockenfutter gibt, muss unbedingt darauf achten, dass der Wassernapf immer gefüllt ist. Die Hunde brauchen bei Trockenfutter nämlich weitaus mehr Wasser als bei Dosenfutter. Wer Zwei-

TIPP

In einem ausgewogenen Ernährungsplan wird auch berücksichtigt, dass der Hund gerne knabbert und Hartes zerkaut. Das ist ausgesprochen gut für sein Gebiss. Es müssen nicht immer richtige Knochen sein, die verfüttert werden So genannte Kauknochen, die man in verschiedenen Größen und für kleinere Hunde auch als Kaustangen kaufen kann, erfüllen sehr gut ihren Zweck.

fel hat, ob ein bestimmtes Produkt wirklich alles beinhaltet, was der Hund braucht, sollte sich unbesorgt an den Tierarzt wenden. Es bietet sich zum Beispiel an, nach einem kurzen Anruf bei ihm vorbeizuschauen – mit einer Dose oder Packung, auf der die Inhaltsstoffe vermerkt sind. Der Tierarzt kann sagen, ob alle notwendigen Stoffe enthalten sind und wie man für Abwechslung sorgen kann. Der Hund braucht diese Abwechslung auf dem Speiseplan. Welcher Hund welches Futter besonders gern mag und verträgt, das probiert man in Ruhe aus. Manche Futterarten können zu Blähungen führen, andere werden vielleicht einfach nicht gern gefressen. Auch bei Verdauungsschwierigkeiten weiß der Tierarzt meist Rat.

Der Auslauf

Gassigehen ist die eine Sache, Spaziergänge sind die andere. Der Hund muss aus zweierlei Gründen ausgeführt werden. Zum einen muss er regelmäßig sein Geschäft erledigen, zum anderen braucht er sehr viel Bewegung, Zeit zum Schnüffeln und Toben und auch den Kontakt mit anderen Tieren, um sich wohl zu fühlen.

Es gibt nur ganz wenige Hunderassen, die einen ausgesprochen geringen Bewegungsdrang haben. Die meisten Hunde, auch kleinere, brauchen weitaus mehr Bewegung, als ihnen mancher uninformierte Halter zugesteht. Wie lange und wie oft man sich täglich mit dem Hund an der frischen Luft bewegt, das hängt von der Rasse und von der Hundepersönlichkeit ab. Bei einigen Rassen bietet sich auch ein regelrechtes Bewegungstraining an, zum Beispiel bei Windhunden. Als Faustregel für die Untergrenze bei ganz verschiedenen Hunden kann man sich aber merken: Drei- bis fünfmal täglich geht es vor die Tür. Mindestens zweimal davon macht sich Herrchen oder Frauchen zu einem richtigen Spaziergang mit dem Vierbeiner auf. Jeder der beiden Spaziergänge sollte mindestens eine halbe Stunde dauern. Insgesamt braucht der Hund täglich mindestens zwei Stunden Auslauf.

Als Tipps für die täglichen Gänge und insbesondere für das reine Gassigehen kann man sich merken: Man geht möglichst zu festen Zeiten, und man wartet nicht, bis der Hund es kaum noch aushält und wimmernd vor der Tür hockt.

Der Hund soll einen Stammplatz haben, an dem er sein Geschäft erledigt. Den steuert man direkt an. Herumtoben kann man später noch mit dem Hund.

Für den Fall, dass doch einmal an einer anderen Stelle ein Malheur passiert, zum Beispiel auf dem Bürgersteig, hat man ein kleines Reinigungsset dabei. Es muss kein Spezialset sein. Eine kleine Plastiktüte, ein Stück Toilettenpapier oder ein Papiertaschentuch reichen aus. Über Hundehaufen auf Bürgersteigen und in öffentlichen Anlagen wird zu Recht geklagt. Jeder Hundebesitzer sollte sich persönlich verpflichtet fühlen, das Image aller Hundebesitzer und ihrer Vierbeiner zu verbessern.

Angeleint oder nicht?

Beim Thema öffentliche Meinung über Hunde darf natürlich eines nicht unerwähnt bleiben: Ob Gassigehen oder Spaziergang, der Hund sollte nur von der Leine gelassen werden, wenn er auf Zuruf prompt herbeikommt – und nicht etwa Jogger, Fahrradfahrer oder andere Fußgänger hetzt. Was dem einen oder anderen robusten Hundefreund vielleicht nicht klar ist: Es gibt eine ganze Reihe von Menschen, die echte Angst vor Hunden haben. Und kein Hundehalter hat das Recht, diesen Menschen den Spaziergang zu verderben.

Grundsätzlich ist es für den Hund angenehmer, wenn er unangeleint herumlaufen darf. Das ist aber nicht überall erlaubt. Man erkundigt sich am besten schon vor der Anschaffung des Tieres bei der örtlichen Verwaltung, wo der Hund ohne Leine laufen darf – und auch, wo er sein Geschäft erledigen darf. Die einzelnen Gemeinden haben die Möglichkeit, unterschiedliche Regelungen zu treffen. Es gibt aber auch landeseinheitliche Vorgaben – zum Beispiel, ob Hunde außerhalb von Waldwegen angeleint werden müssen. Und einige Regelungen gelten bundesweit. Die Anfrage, wo dem Hund was erlaubt ist, lohnt sich, nicht nur im Sinne des friedlichen Umgangs von Hundefreunden mit ihren Mitmenschen, sondern auch finanziell, denn ein falsch gesetzter Hundehaufen kann ein ordentliches Bußgeld nach sich ziehen.

Futter und Haltung

Hund und Vermehrung

Die Läufigkeit, auch Brunst oder Hitze genannt, dauert jeweils etwa drei Wochen. Eine Befruchtung kann am günstigsten in der zweiten Hälfte dieser Phase stattfinden. Dass die „heiße Phase" beginnt, ist deutlich an blutigem Ausfluss zu erkennen. Von da an werden Rüden bildlich gesprochen Kopf und Kragen riskieren, um der Dame näher zu kommen. Der Paarungsakt selber weist einige Besonderheiten auf, die dem hundeunerfahrenen Menschen vielleicht etwas befremdlich vorkommen. Bei der Paarung hängen Rüde und Hündin fest zusammen. Das liegt daran, dass der Schwellkörper des Hundepenis in der muskulösen Scheide festgehalten wird. Der Paarungsakt zieht sich über gut eine halbe Stunde hin; vorher kann man die beiden Vierbeiner schon aus technischen Gründen auf keinen Fall auseinanderbringen. Jeder Versuch wäre absolute Tierquälerei.

In der „heißen Phase" der Läufigkeit kann die Hündin theoretisch mehrfach gedeckt werden. Dann kommen möglicherweise Welpen von verschiedenen Vätern zur Welt. Als problematisch bei Mehrfachdeckungen gilt, dass der Zeitpunkt der Geburt mit dem Zeitpunkt der Befruchtung zusammenhängt und ein zu großer Zeitabstand zwischen den einzelnen Paarungsakten zu einem sehr langwierigen Geburtsvorgang führen kann. Die Phase der Trächtigkeit dauert ungefähr neun Wochen. Mit zunehmender Dauer der Trächtigkeit sollte man starke körperliche Anstrengungen der Hündin vermeiden. Ausreichende Bewegung braucht sie aber nach wie vor. Wie viele Welpen in einem Wurf sind, ist stark rasseabhängig.

Die Körperpflege

Einen übel riechenden, verdreckten Vierbeiner will wohl niemand gern ins Wohnzimmer lassen – zu Recht. Aber mit übertriebenem Reinlichkeitssinn ist dem Hund auch nicht gedient. Ein Hund darf einen nicht zu strengen Eigengeruch haben. Und wenn er sich einmal im Schlamm wälzt, dann reicht oft klares Wasser aus, und nach einem ausgiebigen Schütteln ist das Tier wieder sauber.

Zu häufiges Baden, möglicherweise auch noch mit Shampoo oder Seife, ist sehr ungesund für den Hund. Die körpereigene Rückfettung kommt dann nämlich nicht mehr gegen die eingesetzten Chemikalien an. Das kann Erkrankungen zur Folge haben. Es gibt unterschiedliche Meinungen darüber, wie oft man einen Hund höchstens baden oder abduschen darf. Als Faustregel kann man sich merken: Zweimal pro Jahr reicht und ist auch nicht zu viel. Junge Hunde badet man noch seltener. Für das Hundebad erwärmt man das Wasser auf weniger als 35 °C und verwendet dann ein

INFO

Wichtig ist die Liebe

Bei allen Pflegemaßnahmen gilt: Liebevolle und vorsichtige Durchführung ist entscheidend. Dann hält der Hund nicht nur still, sondern genießt die eine oder andere Prozedur ganz offensichtlich. Hunde, die grob und falsch behandelt werden, haben dauerhaft Angst vor der Körperpflege.

Hundeshampoo, das auf die Besonderheiten von Hundehaut und -haar zugeschnitten ist. Keinesfalls darf der Hund Wasser in die Ohren oder Augen bekommen. Im Gesicht verzichtet man, wenn möglich, ganz auf Shampoo. Der nasse Hund muss sehr gut abgetrocknet werden und darf dann nicht in Zugluft kommen, sonst erkältet er sich leicht.

Kämmen, Bürsten, Putzen

Hunde mit extrem kurzem Glatthaar kann man mit einem kurzborstigen Striegel, einer so genannten Kardätsche, bürsten. Man kann das Fell gelegentlich auch mit einem leicht feuchten Tuch abreiben. Je länger das Fell, desto aufwändiger die Pflege. Langhaarige Tiere kämmt man vor dem Bürsten vorsichtig. Bei Tieren mit Wollhaar kann man das Fell nach dem Bürsten mit einem Kamm auflockern. Hunde mit sehr dünnem Fell, unter dem man schon fast die Haut spürt, pflegt man am besten mit einem Borstenhandschuh.

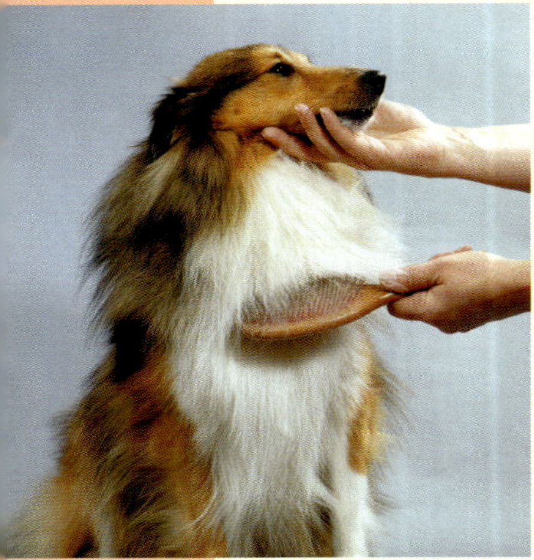

Beim Bürsten entdeckt man vielleicht, dass der Hund Ungeziefer hat. Dagegen helfen Spezialmittel, die unter anderem beim Tierarzt erhältlich sind. Zecken kann man selbst entfernen, wenn man geschickt ist. Dabei darf der Kopf der Zecke nicht in der kleinen Wunde stecken bleiben.

Bei manchen Rassen wird das Fell getrimmt: Das lose Fell wird mit dem Trimm-Messer oder der Hand herausgezogen. Dabei kann das Fell mit dem Trimm-Messer auch gekürzt werden. Einige Rassen werden in regelmäßigen Abständen geschoren, wobei das Fell mit einer Schere oder einem Scherapparat gekürzt wird.

Nicht nur das Fell muss täglich gepflegt werden. Die Winkel der Hundeaugen befreit man von Sekret, bevor es eintrocknet. Sonst können nämlich kahle Hautstellen entstehen.

Auch Ohren und Zähne wollen gepflegt werden. Die Reinigung der Ohren und des Gehörgangs lässt man sich am besten einmal von einem Tierarzt zeigen. Dabei ist nicht nur Gründlichkeit, sondern auch große Vorsicht angebracht. Bei der Zahnpflege geht es vor allem darum, Belag zu entfernen – sonst stellt sich schnell Zahnstein ein. Neben entsprechender Ernährung gibt es noch ein nahe liegendes Mittel zur Zahnsteinverhinderung: Das Putzen der Hundezähne mindestens zweimal pro Woche.

Der Hund im Auto

Viele Hunde sind begeisterte Mitfahrer im Auto. Sind sie es nicht, ist zu vermuten, dass bei ihren ersten Autofahrten etwas schief gelaufen ist. Dann sollte man behutsam das Vertrauen des Hundes wiederherstellen. Wie sich ein Hund im Auto fühlt, hängt zum einen von der Fahrweise ab. Kavalierstart, überhöhte Geschwindigkeit und ruckartiges Bremsen können jedem Vierbeiner das Autofahren gründlich verleiden.

Ob der Hund sich im Auto wohl fühlt, hängt auch davon ab, welchen Platz er bekommt. Der Kofferraum ist tabu! Für einen mittelgroßen bis großen Hund ist der hintere Teil eines Kombis, mit einem Gitter vom Fahrgastraum getrennt, der geeignete Platz. Kleinere Hunde können schon einmal im Fußraum vor dem Sitz befördert werden, allerdings sehen sie dann nichts von der Umgebung. Wo der Hund genau seinen

INFO

Allein im Auto?

Im Normalfall ist unbedingt davon abzuraten, den Hund im Auto zu lassen. Denn im Auto kann der Hund sich nicht ordentlich bewegen, Wasser hat er meist auch nicht, und frische Luft bekommt er nur, wenn man das Fenster einen Spaltbreit offen lässt.
Am schlimmsten ist es für den Hund im Auto bei extremen Temperaturen. Auch wenn man das Auto im Schatten abstellt, ist kein Schutz gewährleistet, denn die Sonne „wandert". Im Winter kann es dem Hund schnell zu kalt werden.

Stammplatz bekommt, das muss man von Fall zu Fall entscheiden. Ganz wichtig ist immer: Der Hund darf keine Möglichkeit haben, den Fahrer zu stören. Man stelle sich nur einmal vor, was alles passieren kann, wenn sich der Hund bei etwas höherer Geschwindigkeit in Richtung Lenkrad bewegt oder ganz unabsichtlich auf den Schalthebel tritt.

Auch wenn es lustig aussieht: Man lässt den Hund während der Fahrt nicht aus dem geöffneten Fenster herausschauen. Das kann schnell zu Bindehautentzündungen führen.

Die Erziehung

Wer sich einen Hund wünscht, der nur dort sein Geschäft erledigt, wo er es auch darf, der kommt, wenn man ihn ruft, der an der Straßenkreuzung wartet, anstatt sich in den tosenden Verkehr zu stürzen, der nicht auf den Frühstückstisch springt, um den Aufschnitt zu verspeisen – kurzum, wer einen wohl erzogenen Vierbeiner haben möchte, der muss früh anfangen.

Denn ist der Hund erst erwachsen, dann ist es zwar nicht ganz unmöglich, ihn zu erziehen, aber es ist doch für beide Seiten sehr viel mühsamer. Und viele Marotten wird man dem Hund nicht mehr austreiben können. Damit ist natürlich nicht gemeint, dass der kleine Vierbeiner keine Schonfrist in einigen Angelegenheiten bekommen soll. Natürlich braucht und bekommt er sie. Man muss ihm ja sehr behutsam erst alles beibringen. Konsequenz ist eine ganz entscheidende Voraussetzung bei der Hundeerziehung. Es ist nicht übertrieben zu sagen, dass ohne sie nichts geht. Der Hund ist ein Rudeltier, das eine klare Rangordnung und klare Regeln im Zusammenleben mit anderen – seien es Hunde, seien es Menschen – braucht. Wenn die Regeln bekannt sind und ebenso die positiven Folgen der Regeleinhaltung und die negativen Folgen der Regelübertretung, dann wird sich der Hund an das halten, was man von ihm verlangt.

Wenn er hingegen einmal etwas darf, beim nächsten Mal aber nicht, dann wird er sich nie richtig verhalten können. Er kann ja nicht vorher ahnen, ob die Sache diesmal erlaubt ist oder nicht. Das verwirrt den Hund ungemein. Es ist auch äußerst ungerecht ihm gegenüber und nicht zu vertreten, ihm plötzlich etwas zu verbieten, was er vorher durfte. Und genauso unsinnig ist es, etwas „ausnahmsweise" zu erlauben.

Positive Verstärkung

Zu einer sinnvollen Erziehungsmethode gehört vor allem viel Lob. Ein ganz wichtiger Trick bei der Hundeerziehung ist Folgender: Man sorgt dafür, dass der Hund das, was man von ihm verlangt, mit einer angenehmen Empfindung verbindet. Dann wird er es schon tun. Dazu braucht man kein Gebrüll. Der Hund wird sich einfach deshalb so verhalten, wie man möchte, weil er die Belohnung oder das Lob für dieses Verhalten mag und immer wieder haben möchte. Das heißt natürlich nicht, dass man einem Hund jede beliebige Verhaltensweise beibringen kann. Es gibt ganz natürliche Grenzen. Aber es ist ganz einfach: Lob ist ein ausgesprochen wirkungsvolles Erziehungsmittel – und die Erziehung macht beiden Seiten Spaß. Wenn der Hund sich zum Beispiel hinsetzen soll und das – anfangs mit Unterstützung durch Händedruck und Zug am Erziehungshalsband – schließlich auch zum ersten Mal macht, dann ist es Zeit für ein dickes Lob oder eine Belohnung. Man sagt mit weicher herzlicher Stimme „Brav!“, „Das hast du fein gemacht!“ oder etwas Ähnliches. Die Stimmlage und die Betonung sind dabei wichtiger als der genaue Ausdruck, den man gebraucht. Man kann dem Hund auch ein Leckerchen geben.

TIPP

Lob und Belohnung haben einen großen Vorteil. Sie helfen nicht nur dabei, dass der Hund sich einen konkreten einzelnen Erziehungsschritt einprägt. Sie verbessern grundsätzlich die Stimmung, denn Hunde lieben Lob. Wenn man sie lobt, freuen und entspannen sie sich. In einer solch freundlichen und entspannten Atmosphäre sind sie bereit, etwas Neues zu lernen.

Wie lernt der Hund?

Hunde lernen gern, aber sie brauchen auch große Pausen. Und sie können natürlich nicht alles auf einmal lernen. Wenn man sie in einer Situation überfordert, lernen sie in dieser Situation überhaupt nichts mehr dazu. Man beschränkt sich also zweckmäßigerweise stets auf eine Sache, die man dem Hund gerade beizubringen versucht. Diese Sache muss gut eingeübt werden. Es wird kaum jemand ernsthaft erwarten können, dass ein Hund etwas beim ersten Mal gelernt hat und es auch in Zukunft immer wieder beherrscht.

Der Hund lernt am besten, wenn man Reden und Handeln miteinander verknüpft, wo immer es möglich und sinnvoll ist. Das hat zudem den Vorteil, dass man später, wenn der Hund ein Kommando auf diese Weise gelernt hat, in vielen Fällen nicht mehr handeln muss. Reden reicht dann. Zwei Beispiele: Wenn der Hund an der Leine ist und plötzlich in eine andere Richtung zieht als in die, in die man mit ihm gehen möchte, dann sagt man scharf „Nein!“, „Aus!“ oder etwas Ähnliches und ruckt gleichzeitig kurz an der Leine. Nach mehreren Wiederholungen reicht später ein „Nein!“ aus, um den Hund wieder auf den richtigen Weg zu bringen.

Diese Verknüpfung funktioniert natürlich auch bei Lob und Belohnung für erwünschte Verhaltensweisen. Belohnung ist ein ganz zentrales Erziehungsmittel. Einem Hund beizubringen, auf Zuruf zu kommen, ist recht einfach. Man ruft ihn, und wenn er kommt, lobt man ihn und gibt ihm einen kleinen Leckerbissen. Das wird der Hund sich merken. Später braucht man den Leckerbissen nicht jedes Mal zu geben, wenn er kommt. Es reicht, hin und wieder einen bereitzuhalten, damit die Verknüpfung wieder aufgefrischt wird. Manches so Erlernte bleibt auch ohne Auffrischung im Gedächtnis.

Tadel und Strafe

Wenn man meint, dem Hund einen Klaps geben zu müssen, dann sollte man das nicht unbedingt mit der Hand tun. Einige Fachleute warnen ganz ausdrücklich davor: Die

Menschenhand solle für den Hund als etwas Angenehmes angesehen werden, etwas, das ihn streichelt und ihm Futter gibt. Eine Hand, die auch Schmerz zufügt, könne dazu führen, dass der Hund „handscheu" werde und das Vertrauen verlieren könnte. Man kann beobachten, dass dieser Vertrauensverlust nicht in jedem Fall eintritt. Das hängt sicherlich mit der jeweiligen Hundepersönlichkeit zusammen und damit, wie fest der Klaps war.

Man kann einen leichten Klaps auch mit der zusammengefalteten Zeitung geben. Benutzt man dazu immer eine Zeitung, dann wird man in der Regel feststellen, dass es nach einer Weile schon reicht, den Hund zu tadeln und die Zeitung hochzuhalten. Viele Experten raten dazu, keinen Klaps zu geben, wenn man meint, den Hund strafen zu müssen. Sie halten es für wesentlich zweckmäßiger, den Hund in einem solchen Fall am Nacken anzufassen und ein- oder zweimal zu schütteln. Dieses strafende Schütteln kommt dem Verhalten des Rudelführers in freier Wildbahn näher. Man kann sich noch so viel Mühe mit der Hundeerziehung machen – es wird alles nicht fruchten, wenn man nicht stets sofort reagiert. Ein Hund kann eine Reaktion des Menschen nur dann mit seinem eigenen Verhalten in Verbindung bringen, wenn man ihn unmittelbar im Anschluss an sein Verhalten lobt oder tadelt.

Die Stubenreinheit

Wie bringt man einen kleinen Hund dazu, sein Geschäft nicht überall und nicht zu jeder Stunde zu erledigen? Zwei Voraussetzungen sind wichtig: Konsequenz und Geduld. Wunder sollte man nicht erwarten. Irgendwann versteht er, wo er hinmachen darf und wo nicht. Im Normalfall sollte es nicht länger als vier Wochen dauern, bis der kleine Hund stubenrein ist.

Die Wochen bis dahin sind für den Hundehalter mit viel Aufwand verbunden. Der Aufwand ist um so größer, je weiter der Weg zum Hunde-WC ist.

Je jünger der Welpe ist, um so häufiger muss er sein kleines und großes Geschäft erledigen. Wenn er älter wird, werden die Abstände größer. Deshalb geht man anfangs sehr häufig mit dem Welpen

TIPP

Wenn es doch passiert ...

Wenn der Kleine doch einmal in die Wohnung macht, dann darf man ihn kurz tadeln – und lobt ihn, sobald er sich wieder richtig verhalten hat. Das alte Mittel, den Hund mit der Nase in das verbotenerweise gemachte Bächlein oder Häuflein zu stoßen, gilt inzwischen bei vielen Fachleuten als überholt.

hinaus. Damit bietet man ihm die Gelegenheit, sein Geschäft zu erledigen, bevor es überhaupt zum Malheur kommen kann. Wie groß die zeitlichen Abstände genau beim „eigenen" Welpen zu Hause sind, stellt man schnell fest. Als Faustregel kann man sich merken: Der Welpe „muss" sehr bald, nachdem er gefressen hat, und immer dann, wenn er wach wird.

Auch bei der Stubenreinheit gilt selbstverständlich: Lob wirkt besser als Tadel. Man bringt den kleinen Hund anfangs immer wieder an dieselbe Stelle, an der er sein Geschäft erledigen darf: Garten, Gebüsch oder auch Rinnstein. Wenn er es beendet hat, dann lobt man ihn mit weicher Stimme.

Die Grundausbildung

Unter Fachleuten gibt es verschiedene Meinungen darüber, wie viel man einem jungen Hund in den ersten Lebensmonaten beibringen sollte. Es ist auch nicht unumstritten, bis zu welchem Lebensmonat der Hund die jeweiligen einzelnen Verhaltensweisen gelernt haben soll. Eine pauschale Regel, aus der man auf den Tag genau für jeden Hund das gleiche Lernprogramm ableiten könnte, gibt es nicht. Man muss auch stets die jeweilige Hundepersönlichkeit berücksichtigen. Auch bei den Hunden gibt es Frühentwickler und Spätentwickler. Man liegt aber sicher nicht falsch, wenn man davon ausgeht, dass der Hund im Alter von etwa einem halben bis einem dreiviertel Jahr die folgenden Übungen beherrschen sollte: Der Hund kennt seinen Namen, bleibt einige Zeit allein, kommt auf Zuruf, sitzt auf Kommando, bleibt an der Stelle, an der er bleiben soll, geht an der Leine, lässt auf Zuruf von etwas Verbotenem ab.

Dabei ist es nicht so wichtig, welche Kommandos und sonstigen Zeichen man verwendet. Wichtig ist lediglich, dass es immer die gleichen Worte und Gesten sind. Wenn man das Gefühl hat, dass ein Hund eine Übung begriffen hat, kann man sie noch einmal oder wenige Male wiederholen. Man spart wiederum nicht mit Lob. Und wie bei so vielem gilt auch hier: Aufhören, wenn es am schönsten ist!

Es bietet sich an, die ersten Übungen zunächst in einem größeren geschlossenen Raum durchzuführen, in dem sich nur Hund und Herrchen oder Frauchen befinden. Später kann man die Übungen dann draußen fortsetzen, und es dürfen auch andere Menschen dabei sein. Aber zunächst wäre die Ablenkung zu groß, der Lernerfolg würde geschmälert.

Komm!, Aus! und Pfui!

Mit dem einfachen Kommando „Komm!" kann man schon früh beginnen. Auf dieses Kommando zu hören, bedeutet für den Hund grundsätzlich keine große Schwierigkeit. Als Rudeltier ist es für ihn natürlich, dem Anführer zu folgen. Es kann deshalb sein, dass der Hund freiwillig ganz schnell kommt, wenn man ihn ruft. Es kann aber auch sein, dass er nicht kommt. In diesem Fall sollte man das Rufen öfter wiederholen. Kommt der kleine Vierbeiner schließlich, lobt man ihn und belohnt ihn mit einer kleinen Hundeleckerei. Wenn der Hund erst einmal begriffen hat, was mit „Komm!" gemeint ist, und erfahren hat, dass ihn etwas Angenehmes erwartet, wenn er der Aufforderung nachkommt, dann wird er gerne gehorchen.

Nicht alles, was der Hund findet und zwischen die Zähne nimmt, darf er auch behalten. Unterwäsche und Schuhe von Herrchen und Frauchen zum Beispiel sind sehr beliebte Beuteobjekte – doch die Freude über solche Beutezüge hält sich auf Menschenseite meist stark in Grenzen. Das Herumkauen an bestimmten Dingen kann für den kleinen Vierbeiner Gefahr bedeuten – so beispielsweise an Stromkabeln oder an Gegenständen, die splittern könnten. Wichtig ist also, dass der Hund nicht zu spät lernt, auf Kommando Dinge herzugeben.

Auf Anhieb kann der Hund mit dem Befehl „Aus!" nicht viel anfangen. Man versucht langsam, eine Bedeutung für diesen Befehl aufzubauen, indem man mehrfach ruhig, aber energisch „Aus!" sagt und versucht, den entsprechenden Gegenstand aus dem Hundemaul zu nehmen. Will der Hund das Maul partout nicht öffnen, kann man es mit einem Trick versuchen: Man greift – aber bitte keinesfalls zu fest! – um den Fang und drückt die Lefzen leicht gegen die Zähne. Das führt im Idealfall dazu, dass der Hund sofort das Maul öffnet. Maul öffnen und Gegenstand herausgeben – das gibt wieder ein dickes Lob für den Hund. Der Befehl „Pfui!" ist ein inhaltlich verwandter Befehl. Man gebraucht ihn in tadelndem Tonfall, um zu verhindern, dass der Hund überhaupt erst einen verbotenen Gegenstand ins Maul nimmt.

Sitz! und Bleib!

Mit dem Wort „Sitz!" allein kann der Hund natürlich nicht viel anfangen. Man hilft ihm zu verstehen, was gemeint ist: Der Hund steht links neben einem. Man zieht kurz und leicht mit der Leine am Erziehungshalsband nach oben und übt mit Daumen und Zeigefinger der linken Hand leicht Druck auf die Kruppe des Hundes aus.

Auch das Kommando „Bleib!" lernt der Hund in Verbindung mit einer sanften Berührung. Man sagt „Bleib!" und berührt mit der Handfläche den Nasenspiegel des Hundes. Diese Bewegung ist so etwas wie ein sehr sanftes, aber entschiedenes Zurückschieben. Die ersten Übungen sollten unbedingt in einem ruhigen Raum zu Hause durchgeführt werden. Das Kommando „Bleib!" lernt der Hund bestimmt nicht vor der Tür eines vollen Supermarktes.

TIPP

Alleine zu Hause

Ein gesunder Hund, der Vertrauen in seine Umwelt hat, kann durchaus einmal alleine bleiben – allerdings nicht zu lange. Einige, am besten nur wenige Stunden am Tag sind die Obergrenze, denn der Hund ist von Natur aus ein geselliges Wesen und kein Einzelgänger. Der Hund wird das Alleinebleiben nur lernen, wenn man ihn von Anfang an, aber immer nur für kurze Zeit daran gewöhnt.

Erwachsene Hunde

Leider ist es so, dass sich frühe Versäumnisse und Fehler bei der Erziehung nachhaltig rächen. Nimmt man ein erwachsenes Tier auf, so stehen nicht mehr alle Möglichkeiten offen. Wenn man mit bestimmten Verhaltensweisen des Tieres nicht einverstanden oder über sie besorgt ist, dann gilt es zunächst, möglichst viel über die Vergangenheit des Tieres herauszufinden. Kennt man den Ursprung bestimmter „Macken", kann man besser mit ihnen umgehen.

Wenn ein Hund sehr verstört ist, kann es ihm ausgesprochen viel helfen, wenn man ihm nicht nur Liebe entgegenbringt, sondern mit ihm zu einem Hundepsychologen geht. Dieser Fachmann wird einem auch in weniger schweren Fällen sagen können, was zu tun ist. Man kann sich ja leicht vorstellen, dass jeder – noch so gut gemeinte – falsche Umerziehungsversuch mehr schadet als nutzt und den Hund in noch größere Verwirrung stößt. In einer solchen Atmosphäre der Verwirrung wird er dann noch weniger verstehen, was man von ihm möchte. Man darf nicht zu hohe Erwartungen an die Möglichkeiten der Umerziehung des erwachsenen Hundes stellen. Erzwingen kann man nichts. Mit viel Geduld, Zuneigung und Sachverstand ist dennoch so manches zu erreichen – wenn auch nicht auf Anhieb. Lob für neue Verhaltensweisen bestärkt den Hund darin, sich langsam anders als gewohnt zu verhalten.

Hat man zum Beispiel einen Hund mit der äußerst schlechten Angewohnheit, Jogger oder Radfahrer zu verfolgen, dann wird man ihm dieses „Jagen" nicht durch Anschreien und Hinterherlaufen abgewöhnen können. Erfolgreicher wird es sein, ihm ganz geduldig das Kommando „Komm!" beizubringen, das er zunächst zu Hause und dann zu einem späteren Zeitpunkt auch im Freien beherzigt. Einem Hund, der es gewohnt ist, sein Geschäft zu erledigen, wo er steht und geht, bringt man in mühsamer Kleinarbeit mit viel Lob bei, wo geeignete Stellen sind. In einigen Fällen helfen auch ganz einfache Tricks. Den Anreiz zum lästigen Hochspringen kann man deutlich verringern, indem man einen Schritt zur Seite tritt. Der Hund springt ins Leere – was ihm nicht gefällt. Doch ist in den meisten Fällen echter Sachverstand gefragt, und der am einfachsten scheinende Weg ist längst nicht immer der geeignete. Fachmännischer Rat ist nötig.

Die Hundesprache

Es ist interessant zu untersuchen, wie sich Hundewahrnehmung und Menschenwahrnehmung voneinander unterscheiden. Es ist ganz einfach: Wer anders wahrnimmt, äußert sich auch anders und umgekehrt. Das fängt schon damit an, dass Hunde keine Visitenkarten brauchen. Ihre Duftmarken reichen aus. Sie brauchen auch keinen Schmuck, keine noble Kleidung und keine Autos als Statussymbole. Wer der Stärkste ist und am meisten Macht besitzt, das machen sie auf andere Weise aus als wir Menschen.

Hunde sind gesellige Wesen. Sie brauchen das Leben in der Gemeinschaft, um sich wohl zu fühlen. Der Rudeltrieb ist ein Trieb, der zum Wesen des Hundes gehört. Vieles, was Hunde an sozialen Verhaltensmustern ererbt haben, kann man lernen, wenn man sich ansieht, was in einem Wolfsrudel vor sich geht. Ein Wolfsrudel ist eine Gemeinschaft, die auf Erfolg aus ist: Anstatt alles allein anzugehen, tun sich die Tiere zusammen. Sie jagen, fressen und ruhen gemeinschaftlich. Es gibt eine strenge Hierarchie und Arbeitsteilung im Rudel. Der Rudelführer hat viel Macht, aber auch viel Verantwortung. Bei Aufgaben, die er nicht allein bewältigen kann, gibt er Verantwortung und Macht ab. So erklärt sich auch die Position des „Stellvertreters" oder Zweitmächtigsten. Drohgebärden, Imponiergehabe, Unterwerfungsgesten – das ist noch längst nicht alles, was im Wolfsrudel an Kommunikation vorkommt. Es muss klar gemacht werden, wem welcher Anteil an der Beute zusteht, Jungtiere müssen geschützt und erzogen werden. Um all diese Angelegenheiten zu regeln, haben die Rudelmitglieder eine Vielzahl typischer Verhaltensweisen entwickelt. Viele solcher Verhaltensweisen kann man auch bei den heutigen Haushunden beobachten. Wer seinen Hund besser verstehen will, ist gut damit beraten, sich zu überlegen, in welchem Zusammenhang das Hundeverhalten entwickelt wurde. Das ist der Schlüssel zum Verständnis des Hundeverhaltens und der Weg zum Rudelführer Mensch.

Bellen

Wenn ein wachsamer Hund bemerkt, dass sich jemand dem Grundstück nähert, dann bellt er. Damit zeigt er zunächst nur an, dass jemand kommt. Das Bellen drückt noch nicht konkret aus, ob es sich um einen fremden oder einen bekannten Menschen handelt. Wenn dieser Mensch sich als Fremder entpuppt, dann wird vielleicht weitergebellt und geknurrt – um den Eindringling zu warnen und um seine Ankunft den Menschen im eigenen „Rudel" zu melden. Stehen Fremder und Hund sich gegenüber, wird der Hund den Fremden aber nicht in erster Linie durch sein Gebell „in Schach halten" wollen. Der Hund setzt vielmehr Körperhaltung, Kopfhaltung und auch Mimik ein um zu zeigen, was er meint.

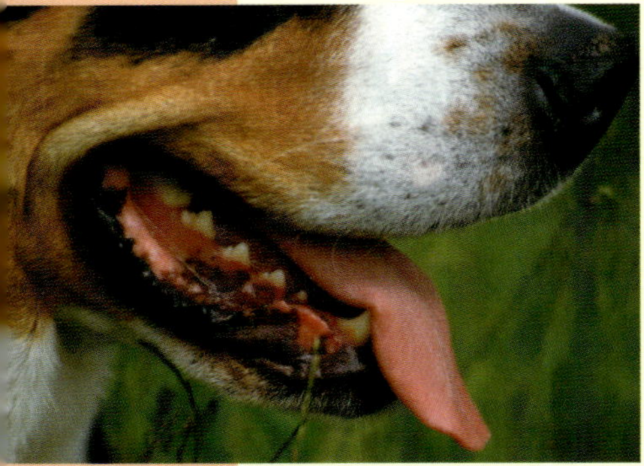

Es gibt viele Anlässe für den Hund zu bellen. Der hundeunerfahrene Mensch wird vielleicht behaupten, Gebell sei Gebell, alles höre sich gleich an. Aber das stimmt so nicht. Am Klang des Gebells kann man häufig erkennen, was der Hund eigentlich meint. Das wird jeder bestätigen, der einen Hund näher kennen gelernt hat und in etwa weiß, was der Hund in verschiedenen Situationen ausdrücken will. Dennoch sollte das Bellen als Hundesprache nicht überbewertet werden. Die anderen Ausdrucksmittel, die dem Hund zur Verfügung stehen und eingesetzt werden, sind von ebenso großer Bedeutung.

Zähnefletschen

Hunde verteidigen ihr Revier. Sie verteidigen Wohnungen, Häuser und ganze Grundstücke gegen Eindringlinge. Sie verteidigen aber auch schon einmal einen sehr kleinen Raum, zum Beispiel ein Auto. Dabei ist es – ob Auto oder großes Gelände – in der Regel so, dass ein Hund nicht plötzlich und ganz ohne Ankündigung auf den Eindringling zu stürzt. Es ist üblich, den unerwünschten Besucher vorher zu warnen. Eine Warnung läuft in typischer, ritualisierter Weise ab.

Zum Warnverhalten gehört das Zähnefletschen. Der Hund zieht die Lefzen hoch und entblößt seine Zähne. Er macht damit nichts anderes, als seine Waffen zu zeigen – frei übersetzt: Sieh her, was ich hier habe, willst du es dir nicht besser anders überlegen und weggehen?

Das Zähnefletschen als Aufforderung an den Eindringling, das Feld zu räumen, kann von anderen Verhaltensweisen unterstützt oder abgelöst werden. Dazu gehört das Bellen. Begleitend können auch in typischer Weise die Ohren gehalten werden, was bei angeborenen Stehohren besonders deutlich

TIPP

Eine ganze Reihe von Drohgebärden ist schon intuitiv zu verstehen. Ein Hund, der die Zähne fletscht, sieht nun einmal alles andere als einladend aus. Für den Hundefreund empfiehlt es sich aber durchaus, auch die Drohgebärden und die Drohmimik des Hundes einmal genauer zu studieren. Auch für den, der große Angst vor Hunden hat, kann es sehr vorteilhaft sein, sich mit diesem Thema gründlich zu befassen, denn der Hund wird dadurch berechenbarer.

wird: Aufgerichtete Ohren symbolisieren eher die Absicht, Stärke zu beweisen und es notfalls auf einen Kampf ankommen zu lassen.

Wenn ein Hund warnt, sollte man die Warnung unbedingt ernst nehmen. Wer trotz Zähnefletschen meint, den Hund streicheln zu müssen, vielleicht weil er bisher die Erfahrung gemacht hat, dass Hunde ihn ganz gerne mögen, der liegt ganz schnell falsch mit seiner Einschätzung. Ungerechterweise kommt es immer mal wieder vor, dass in einem solchen Fall der Hund auch noch angebrüllt wird, wenn er zuschnappt – dabei hatte er doch ordnungsgemäß gewarnt.

Lecken aus Liebe

Unter hygienischen Gesichtspunkten ist es abzulehnen, dass der Hund einem mit der Zunge durch das Gesicht fährt. Das wird schnell klar, wenn man sich überlegt, wo der

Hund sonst noch mit seiner Zunge entlangschleckt. Er reinigt sich selbst gründlich mit der Zunge. Er leckt auch am Körper eines anderen Hundes. Er ist zudem nicht zimperlich, wenn es darum geht, etwas interessant Riechendes von der Straße aufzulecken. Dennoch meint der Hund es sehr gut, wenn er einem Menschen durch das Gesicht zu lecken versucht. Er will dem Menschen seine Zuneigung und seine Unterwerfung demonstrieren. Es zeugt also nicht gerade von Feinfühligkeit, den Hund für einen solchen Liebesbeweis strafen zu wollen. Der vernünftige Hundehalter hält seinen allzu liebevollen Hund mild, aber entschlossen davon ab, seine Zuneigung so zu äußern.

Dass der Hund gerade das Gesicht und nicht eine andere Stelle am Körper leckt, lässt sich aus seiner frühen Entwicklung erklären. Ganz banal gesprochen: Liebe geht durch den Magen. Hundemütter erbrechen gelegentlich Nahrung, um sie so dem Nachwuchs anzubieten. Die Kleinen können dieses Verhalten fördern, indem sie sich dem Maul der Hundemutter nähern, es stupsen oder lecken. Betteln um Nahrung und Zuneigungsbekundung finden sich in einer Geste vereint.

Auf den Rücken werfen

Hunde können es ganz offen zeigen, wenn sie sich unterlegen fühlen und einem anderen Hund unterwerfen. Der Ausdruck „unterwerfen" ist dabei durchaus wörtlich zu

nehmen. Ein Hund, der weitere Auseinandersetzungen vermeiden will, macht sich klein und zeigt sich ungeschützt. Im Extremfall, der nicht selten vorkommt, legt der Hund sich auf den Rücken, hebt die Pfoten ein wenig an und bietet dem vierbeinigen Gegner die empfindliche Kehle und den empfindlichen Bauch ungeschützt dar. Unterwerfung zeigen, das ist in der Konfrontation von Hund zu Hund ganz klar ein demütiges Friedensangebot. Gegenüber dem Menschen kann diese Gebärde durchaus mit dem Wunsch nach Zärtlichkeit verknüpft sein. Ein Hund, der sich vor einem auf den Rücken wirft, sagt damit nicht nur, dass er selbst nichts Böses tun will. Er will auch, dass man ihm etwas Gutes tut. Und wie zeigt man, dass man den Hund verstanden hat? Man tätschelt den Bauch. Die Verständigung zwischen Hund und Mensch kann so einfach sein.

INFO

Wo wälzt sich der Hund?

Ein Hund wälzt sich grundsätzlich nur an Stellen, an denen es für ihn angenehm riecht. Wohlgemerkt: für ihn. Für den Menschen können diese Gerüche sehr unangenehm sein. Hunde wälzen sich nämlich zum Beispiel in Aas und Kot anderer Tiere.

Wälzen dagegen kann man einerseits als Versuch des Hundes sehen, sich zu tarnen. Dabei gehen Hunde sehr sorgfältig vor. Sie prüfen den Geruch an dieser Stelle gründlich und reiben zunächst eine Gesichtshälfte darauf. Nach dem Gesicht kommen die Schultern an die Reihe.

Eine zweite Erklärung für das Wälzen ist weniger spektakulär: Hunde wälzen sich auch gerne einfach einmal aus Wohlbefinden. Es gibt noch eine dritte Erklärung, die wohl fast jeder Hundebesitzer kennt: Der Hund wälzt sich aus Gründen der Körperpflege, zum Beispiel nach einem Bad. Je nachdem, wo er sich wälzt, ist das Ergebnis des Bades dann wieder mehr oder weniger zunichte gemacht.

Schwanzwedeln

Es gibt zwei Interpretationen für das Schwanzwedeln. Zum einen sagt man, es sei Teil des Begrüßungsrituals. Eine zweite Meinung sieht das Schwanzwedeln als Ausdruck für Unentschlossenheit an. Beide Meinungen schließen einander nicht aus. Als Teil des Begrüßungsrituals kann Schwanzwedeln die Aufgabe haben, den jeweiligen spezifischen Hundeduft zu verbreiten. Das würde bedeuten, dass der Hund sich mit dem Schwanzwedeln sozusagen vorstellt. Der typische Geruch eines Hundes kommt nämlich zu einem entscheidenden Teil aus den Duftdrüsen der Analregion. Indem der Hund den Schwanz hebt, kann der Duft stärker wahrgenommen werden; wenn der Hund mit dem Schwanz wedelt, wird der Duft sozusagen in der Umgebung verteilt.

Nach der zweiten Meinung wedelt der Hund mit dem Schwanz, wenn er zwei eher gegensätzliche Gefühle im selben Moment hat. Als Beleg dafür werden Beobachtungen angeführt, dass Welpen ab einem gewissen Alter mit dem Schwanz wedeln, wenn sie nebeneinander liegend von der Mutter gesäugt werden. Das Schwanzwedeln wird als Ausdruck dafür gewertet, dass sich die Welpen einerseits bei ihren Geschwistern geborgen fühlen, diese andererseits aber auch als Rivalen erleben. Nach landläufiger Auffassung gilt das Schwanzwedeln allerdings eindeutig als Ausdruck der Freude.

Aasfresser und Müllschlucker

Hunde und Menschen haben teilweise einen ausgesprochen unterschiedlichen Geschmack. Auch sehr teures Futter kann für den Hund unter Umständen langweilig schmecken – ein Knochen, der tagelang im Garten herumlag, ist dagegen eine Delikatesse für ihn. Hunde können mit Genuss so einige Dinge verzehren, die dem Menschen ausgesprochen widerlich erscheinen.

Die Vorliebe des Hundes für Aas hängt wohl nicht in erster Linie mit dem strengen Geschmack zusammen. Es ist grundsätzlich so, dass Hunde nur selten „nein" sagen, wenn sie irgend etwas gerade noch Verzehrbares finden. Man kann das mit ihrem ererbten Jagd- und Fresstrieb erklären. Wenn sie eine unbeaufsichtigte Mülltüte entdecken, kann es sehr gut sein, dass sie diese Tüte eifrig durchwühlen – nach dem Motto: Mal sehen, ob sich da nicht noch etwas Brauchbares für mich findet! Dieses Triebverhalten ist bei verschiedenen Hunden unterschiedlich stark ausgeprägt.

INFO

Von den Wölfen geerbt

Grundsätzlich ist das „unersättliche" Verhalten leicht zu verstehen: In freier Wildbahn fanden ihre Vorfahren nicht jeden Tag einen gefüllten Napf vor. Man kann das Aasfressen auch bei Wölfen beobachten. Wilde Tiere müssen in der Regel nehmen, was sie finden, und können es sich nicht leisten, wählerisch zu sein.

Das schlechte Gewissen

Viele Hundebesitzer kennen das: Der Hund kommt mit eingezogenem Schwanz langsam auf Frauchen oder Herrchen zu, zeigt eine geduckte Körperhaltung, hat den Kopf ebenfalls geduckt und schaut scheinbar schuldbewusst von unten herauf. Aufgrund solcher Verhaltensweisen wird oft gesagt: „Mein Hund weiß schon, wenn er etwas verbrochen hat. Er guckt dann ganz schuldbewusst!"

An dieser Vermutung wird wohl etwas Wahres, aber auch viel Unwahres sein. Der Hund wird wahrscheinlich kein schlechtes Gewissen, wie wir es definieren, haben. Was er hat, ist einfach zu verstehen. Er hat das Gefühl, etwas falsch gemacht zu haben, und nun hat er Angst vor einer Bestrafung. Diese Angst lässt ihn so geduckt herumschleichen. Von Einsicht oder auch einem schlechten Gewissen zu reden, wäre allerdings eine Vermenschlichung.

Durch so genannte Unterwerfungsgesten werden schlimmere Auseinandersetzungen vermieden. Die Gesten erfüllen damit eine ausgesprochen wichtige Funktion. Dieses Auf-den-Rücken-Werfen ist längst nicht die einzige Ausdrucksmöglichkeit in dieser Richtung. Unterordnung können Hunde auch zeigen, indem sie dem Blick ausweichen, den Kopf hängen lassen, die Ohren anlegen oder den Schwanz einziehen. Dabei sollten solche einzelnen Gesten immer im Situationszusammenhang gesehen werden. Nicht jede Geste hat in jeder Situation dieselbe Bedeutung.

Hochspringen

Das Hochspringen kann verschiedene Bedeutungen haben. Je nach Situation drückt der Hund etwas Freundliches oder etwas Unfreundliches damit aus. Ein Beispiel für die mehr oder weniger unfreundliche Absicht: Wenn zwei Hunde miteinander raufen, kann es sein, dass sie beide versuchen hochzuspringen. Sie stellen sich auf die Hinterbeine, wobei sie versuchen, mit den Hinterbeinen einen möglichst festen Stand zu gewinnen. Mit dem „Oberkörper", den Vorderpfoten und der Schnauze wird dann weitergerangelt. Als Teil einer solchen Situation kann das Hochspringen mehr oder weniger ernst gemeint sein – je nachdem, wie ernst die Lage ist. Es kann sich auch um eine rein spielerische Auseinandersetzung handeln.

Das Hochspringen kann aber auch außerordentlich freundlich gemeint sein. Eine typische Situation hierfür ist in Verbindung mit Hochschauen die Begrüßung des nach Hause kommenden Menschen – der darüber allerdings möglicherweise weniger erfreut ist, zum Beispiel, wenn er seine Sonntagskleidung trägt und der Hund noch vor wenigen Sekunden über den nassen Erdboden im Garten gelaufen ist. Der spontane Wunsch nach Zuneigung kann ein weiterer Grund für das Hochspringen sein. Hund und Herrchen oder Frauchen sind vielleicht schon seit ein paar Stunden im Wohnzimmer. Plötzlich kommt der Hund angelaufen und springt an Herrchen oder Frauchen hoch, kratzt vielleicht gleichzeitig noch mit einer Pfote am Bein. In diesem Moment möchte der Hund, dass man sich um ihn kümmert, ihn anspricht und krault. Ein guter Lösungsansatz, wenn man das Hochspringen nicht mag: den Hund mit einem nachdrücklichen, aber mild gesprochenen Befehl darauf hinweisen, dass dieses Verhalten nicht erwünscht ist, und gleichzeitig einen Schritt zur Seite treten. Der Hund springt ins Leere. Beim Begrüßungshochspringen des Hundes muss man, wie bei allen anderen Erziehungsfragen auch, konsequent sein. Entweder man erlaubt es ihm grundsätzlich, oder man verbietet es ihm grundsätzlich.

Markieren

Gleich zwei Funktionen werden mit dem Markieren erfüllt: Das Tier erkennt, ob es sich im eigenen Revier befindet, wenn es später an eine solche Stelle zurückkehrt. Fremde Tiere, die sich den markierten Stellen nähern, bemerken, dass sie in ein fremdes Gebiet eindringen. Der Informationsaustausch auf diesem Weg ist rege. Ein Hund uriniert an einer bestimmten Stelle. Der nächste Hund, der vorbeikommt, schnuppert und weiß, ob sein Vorgänger ein Rüde oder eine Hündin ist – und in letzterem Fall auch, ob die Hündin gerade läufig ist. Es werden ganz selbstverständlich auch ältere Duftspuren identifiziert – und in vielen Fällen wird dann gleich das eigene Erkennungszeichen daraufgesetzt.

Rüden sind in diesem Geschehen aktiver als Hündinnen. Sie heben ihr Beinchen an sehr vielen Stellen. Eine Schätzung besagt, dass Hunde ohne Probleme bis zu achtzigmal pro Stunde urinieren könnten. Hündinnen markieren besonders eifrig, wenn sie läufig sind. Dass Hunde gern an Baumstämmen urinieren, kann man damit erklären, dass sich der Duft

INFO

Man kann auch beobachten, dass Hunde im Zusammenhang vor allem mit der Kotabsonderung scharrende Bewegungen machen. Man nimmt unter anderem an, dass sie dieses Verhalten zeigen, um den Geruch noch weiter zu verteilen. Zu dieser Überlegung passt aber nicht, dass die Hunde den Kot selbst nicht berühren, ihn also nicht direkt verteilen. Ein anderer Erklärungsversuch geht davon aus, dass sie einen kleinen Erdhügel zusammenzuscharren versuchen, um so die Markierung auch besser sichtbar zu machen.

dort besonders lange hält. Dabei wird die Duftmarke meist in Nasenhöhe hinterlassen. Hunde geben also einen großen Teil der für sie wichtigen Informationen über die Platzierung ihrer Ausscheidungen weiter. Wer das weiß, wird beim Gassigehen und auf Spaziergängen den schnüffelnden, urinierenden und kotenden Hund nicht guten Gewissens weiterziehen: Der Vierbeiner muss ja nicht nur sein Geschäft erledigen; er hat gleichzeitig noch eine zweite wichtige Aufgabe zu erfüllen.

Hunderassen von A bis Z

Bei der Zusammenstellung der folgenden Kurzporträts wurde Wert darauf gelegt, dass viele bekannte Hunderassen vertreten sind. Aber auch weniger bekannte Rassen werden vorgestellt. Es kann nicht immer auf den Zentimeter genau gesagt werden, wie groß die Tiere werden können. Die Größenangabe bezieht sich in der Regel auf die Schulterhöhe. Angesprochen werden vor allem Eigenschaften, die den Hundefreund im Alltag interessieren.

Beim Nachlesen ist immer zu bedenken: Ein reinrassiger Hund von einem seriösen Züchter entspricht den Rassestandards. Und dennoch: Man kann sich nicht immer darauf verlassen, dass bei jedem einzelnen Hund alle Eigenschaften so ausgeprägt sind, wie sie es bestenfalls sein könnten. Um nur ein wichtiges Beispiel zu nennen: Ob der einzelne Hund kinderfreundlich ist, hängt nicht nur von der Rasse, sondern auch davon ab, ob er zu freundlichem Umgang mit Kindern erzogen wurde.

Jeder Hund ist ein Individuum mit ganz besonderen Eigenschaften, die ihn unverwechselbar und liebenswert machen. Das ist ja gerade das Schöne.

Affenpinscher

Ein Leichtgewicht und klein ist der Affenpinscher. Er wird bis zu 28 cm hoch und wiegt bis zu 4 kg. Sein Körper wirkt insgesamt eher gedrungen als besonders zierlich.

Schwarz ist die typische Farbe für diesen kleinen Pinschervertreter. Es gibt jedoch auch Tönungen und – zuchtstandardmäßig nicht erwünscht – andere Farben, zum Beispiel Gelb. Das Fell ist trocken, rau, lang und dicht.

Dieser kleine Pinscher ist wachsam. Mit ihm kommt keine Langeweile auf, denn er ist lebhaft und ungezwungen. Große Anhänglichkeit zeichnet ihn außerdem aus.

Man kann einen Affenpinscher in einer Stadtwohnung halten. Natürlich braucht er seinen regelmäßigen Auslauf. Als Familienhund ist er sehr gut geeignet. Er hat aber nicht zu allen Familienmitgliedern das gleiche Verhältnis. Er wird sich ganz besonders stark an eine Person binden.

Auffällige Ähnlichkeit hat der Affenpinscher mit dem Belgischen Griffon und dem Zwergschnauzer. Diese werden unter seinen Vorfahren vermutet.

Groß und elegant wirkt der Afghanische Windhund. Er erreicht eine Höhe von etwa 61 bis 74 cm – bei einem Gewicht von etwa bis zu 28 kg. Der Afghanische Windhund ist stolz, mutig und nicht zuletzt sensibel. Man muss sich sehr um ihn kümmern. Er braucht echte Zuneigung. Zutrauen zu Fremden fasst er nicht sehr leicht. Behandelt ihn jemand schlecht, vergisst er das lange nicht.

Viel Pflege, extrem viel Auslauf und viel Futter, das sind drei Bedingungen, die den Afghanischen Windhund nicht zu einem Hund für jedermann machen. Dennoch ist er kein ganz komplizierter Hund. Mit Kindern kann er sich gut verstehen, mit anderen Hunden teilweise auch.

Die mehrere Jahrtausende alte Rasse wurde ursprünglich bei der Jagd und der Hatz eingesetzt.

Airedaleterrier

Er wird „König der Terrier“ genannt und ist mit maximal 58 cm der größte unter ihnen. Dabei wiegt der „König“ etwa 18 bis 25 kg. Er ist kräftig, ohne jedoch massig zu wirken.

Gelbbraun-schwarz soll das Fell sein. Typisch ist der sattelähnliche dunklere Teil des Fells auf dem Rücken. Das Deckhaar ist rau und dicht – und nicht lockig – über kurzer, weicher Unterwolle.

TIPP *Wenn Sie Ihren Airedaleterrier regelmäßig zum Trimmen bringen, wird er kaum haaren.*

Ein heiterer, ruhiger Charakter zeichnet diesen größten Terrier aus. Er ist anhänglich, einfühlsam und unkompliziert. Trotz seiner Wachsamkeit bellt er nicht grundlos.

Der Airedaleterrier ist ausgesprochen gut als Familienhund geeignet. Mit Kindern versteht er sich ausgezeichnet. Man kann gut in einer großen Familie mit ihm zusammenleben.

Die Heimat des Airedaleterriers ist Großbritannien. Besonders hervorgetan hat sich der Airedaleterrier bei der Jagd, gerade auch in sumpfigem Gelände. Darüber hinaus hat er sich als Wachhund, als Begleithund, als Diensthund und als Blindenhund bewährt. Unter seinen Vorfahren wird auch der Otterhund vermutet.

Akita Inu

Dieser japanische Spitz erreicht eine Größe von etwa 57 bis 69 cm und ein Gewicht von 30 bis 45 kg. Grob und kurz ist das Deckhaar, weich das Unterfell.

Einfarbige Exemplare kommen häufig vor. Sind weiße Muster im Fell, so sollen sie nicht mehr als ein Drittel des Körpers bedecken.

Der Akita Inu ist unabhängig und dabei loyal zu „seinen" Menschen. Seine natürliche Aggressivität hat er insbesondere gegenüber Artgenossen nicht ganz verloren. Eine energische, feste Hand braucht der Akita Inu auf jeden Fall. Er kann in einer kleineren Wohnung gehalten werden, wenn man ihm den nötigen Auslauf gewährt.

Vermutlich sahen die Hunde dieser Rasse schon vor dreihundert Jahren so aus wie heute. Der Akitu Inu ist im Laufe der Geschichte schon für viele Zwecke eingesetzt worden. In früherer Zeit diente er vor allem als Jagdhund, Zughund und Kampfhund. Heute übernimmt er auch andere Aufgaben und eignet sich auch als Familienhund.

Alaskan Malamute

Der Alaskan Malamute ist die kräftigste der nordischen Hunderassen. Die Tiere erreichen eine Höhe von etwa 56 bis 64 cm. Sie wiegen um 35 kg. Sie weisen alle körperlichen Merkmale auf, die sie für ihre schwere Arbeit als Schlittenhunde brauchen. Sie haben mittellanges, dichtes Deckhaar, das besonders dicht am Hals und an den Schultern ist. Als Farben kommen Weiß, Schwarz und Wolfsgrau vor. Weiß können Bauch, Teile des Gesichts, Beine und Pfoten sein.

Der Alaskan Malamute gilt als anhänglich, fügsam und treu. Es wird ihm nachgesagt, dass er sich mit Artgenossen seines Geschlechts nicht unbedingt gut verträgt. Mit Kindern kommt der kräftige nordische Hund hingegen gut aus.

Man kann den Alaskan Malamute als urwüchsigen Burschen bezeichnen. In einem natürlichen Umfeld fühlt er sich am wohlsten.

Wie so mancher andere große Hund kann er sich durchaus in nicht ganz so großzügigen Wohnverhältnissen wohl fühlen – aber nur, wenn er draußen nach Herzenslust Auslauf hat.

Appenzeller Sennenhund

Der Appenzeller Sennenhund ist muskulös, wirkt aber nicht schwer. Er erreicht eine Größe von etwa 48 bis 58 cm und ein Gewicht von etwa 20 kg.

Dreifarbig ist dieser eidgenössische Hund: Auf schwarzem Grund ist eine rostbraune bis gelbe Zeichnung zu sehen. Vorderbrust, ein Teil des Gesichts, Pfoten und Rutenspitze haben weiße Abzeichen. Das Fell liegt eng an, ist kurz und glänzt.

Die Haarpflege beim Appenzeller Sennenhund ist recht unkompliziert.

Mindestens fünf gute Eigenschaften sagt man ihm nach: Mut, Wendigkeit, Intelligenz, große Ausdauer und Wachsamkeit. Die letztere Eigenschaft führt dazu, dass er Fremde nachhaltig durch sein Gebell vertreibt.

Der Appenzeller Sennenhund ist kein Stadthund. Am wohlsten fühlt er sich in ländlicher Umgebung – mit viel Freiraum und viel Beschäftigung. Er ist ein ausgesprochen kinderfreundliches Tier.

Australian Terrier

Kräftig und gut bemuskelt kommt der Australian Terrier nur auf etwa 25 cm Körpergröße. Er hat einen länglichen Körper und einen kräftigen Fang. Etwa 4 bis 5 kg bringt er auf die Waage. Am Körper sind die Haare lang und hart. Am Hals und am Nacken bilden sie eine Art Mähne. Blauschwarz oder Silberschwarz ist eine häufige Färbung, zu der lohfarbene Markierungen an den Läufen und am Kopf kommen.

Bei seiner Größe vielleicht überraschend – der Australian Terrier ist ausgesprochen mutig. Er wird auch als ungestüm und keinem Streit aus dem Wege gehend bezeichnet. Andererseits gilt er als anhänglich. Lebhaft und fröhlich, wie er ist, wird es mit ihm nicht langweilig.

Aufgrund seiner Größe kann man den kleinen Terrier gut in einer Wohnung halten. Mit Kindern kommt er ausgezeichnet zurecht. Man könnte ihn als Familien- und Wohnungshund bezeichnen, der natürlich auch seinen geregelten Auslauf braucht.

Im 19. Jahrhundert sollen Siedler aus Großbritannien die Vorfahren des kleinen Terriers mit nach Australien gebracht haben. Er hat Mäuse, Ratten und sogar Schlangen gejagt.

Barbet

Der Barbet wird manchmal als etwas bäuerlich aussehend bezeichnet. Er ist kräftig und gedrungen. Bei einer Größe von mindestens 25 bis etwa 55 cm hat er ein Gewicht von etwa 20 bis 30 kg. Der Rücken ist leicht gebogen, die Rute setzt weit unten an.

Das Fell ist wollig gekräuselt und lang. Es kann zuweilen verfilzt sein. Verschiedene Farben kommen vor. Das wollige Fell bedarf guter Pflege. Vor allem muss der Hund oft gebürstet werden.

Dem Barbet werden viele angenehme Eigenschaften nachgesagt. Er gilt als fröhlich, intelligent, anhänglich, gehorsam und treu. Wer einen netten Familienhund sucht, liegt beim Barbet richtig. Er versteht sich ganz hervorragend mit Kindern. Damit es ihm gut geht, braucht er sehr viel Bewegung.

Traditionell gehört der Barbet zu der Gruppe der Jagdhunde. Innerhalb dieses Aufgabenbereichs hat er sich als Vorsteh- und Apportierhund bewährt. Trotz dieser Eigenschaften ist er heute jedoch nicht mehr so verbreitet wie früher.

Basenji

Bis zu 48 cm groß wird dieser kleine Jagdhund. Dabei kann er ein Gewicht von etwa 11 kg erreichen. Er hat einen vergleichsweise kurzen und geraden Rücken mit einem langen und ebenso geraden Hals.

Eine typische Farbe ist Fuchsbraun mit weißen Abzeichen. Es kommen aber auch Schwarz und Weiß mit roten Flecken vor. Das Fell ist dicht und kurz und dabei sehr fein.

Der Basenji gilt als ausgeglichen, geduldig und anhänglich. Er kann in der Stadt gehalten werden. Als Laufhund braucht er aber natürlich seinen Auslauf. Für eine Familie mit Kindern eignet sich der Basenji sehr gut.

Basset

Der Basset ist französischen Ursprungs. „Bas“ bedeutet in der französischen Sprache „niedrig“. Die Bassets sind mit einer großen Zahl von Niederlaufhunden verwandt. Ursprünglich wurden Bassets als Jagdhunde gezüchtet, um Niederwild aufzuspüren. Und auch heute eignen sich die verschiedenen Rassen, die zu den Bassets zählen, noch als Jagdhunde.

Zu den französischen Rassen zählen der Basset Artésien-Normand, der Basset d'Artois, der Basset Bleu de Gascogne, der Basset Fauve de Bretagne und der Basset Griffon Vendéen. In England und den USA ist der Basset Hound verbreitet.

Je nach Rasse können sie etwa 40 cm groß werden. Typische Kennzeichen sind der lange Rücken und die kurzen Beine. Die einzelnen Rassen weisen Unterschiede in der Fellfärbung auf.

Das Fell der Bassetrassen ist typischerweise kurz, glatt, dicht und hart. Raues Haar kommt auch vor. Weiches, wolliges Fell ist nicht erwünscht. Glatthaarige Bassets werden gebürstet, rauhaarige Bassets kämmt man.

Den Bassets wird ein freundliches, treues und intelligentes Wesen nachgesagt. Werden sie als Meutehunde gehalten, gibt es untereinander weit weniger Streit als bei anderen Hunderassen. Obwohl sie eigentlich als Jagdhunde gezüchtet worden sind, erfreuen sich die Bassets auch großer Beliebtheit als Familienhunde.

Solche Entwicklungen sind für einen ganz großen Teil der Hunderassen zu verzeichnen: Sie werden im privaten Bereich als Haus- und Freizeithunde, zum Vergnügen oder zur Erledigung vergleichsweise leichter Aufgaben eingesetzt.

Bayer. Gebirgs-Schweißhund

Dieser mittelgroße Hund erreicht eine Schulterhöhe von bis zu 50 cm. Das Haar des Bayerischen Gebirgs-Schweißhundes ist dicht, glatt anliegend und eher matt als glänzend. Verschiedene rötliche und gelbliche Färbungen kommen vor, zum Teil und stellenweise mit hellerem Haar durchsetzt.

Die Fellpflege beim Bayerischen Gebirgs-Schweißhund ist vergleichsweise unkompliziert, da das Haar an großen Teilen des Körpers kurz ist.

Zuverlässigkeit, Intelligenz und Munterkeit zeichnen diesen mittelgroßen Hund aus.

Auslauf kommt ihm sehr gelegen. Wenn man ihn zur Hochgebirgsjagd einsetzen möchte, muss man ihn sorgfältig ausbilden und seine Fertigkeiten durch regelmäßiges und gezieltes Training erhalten.

Die Vorfahren des Bayerischen Gebirgs-Schweißhundes waren bayerische Gebirgsbracken und Hannoversche Schweißhunde. Man hat den Bayerischen Gebirgs-Schweißhund als gewandten und schnellen Kletterer gezüchtet.

Beagle

Der Beagle gehört zu den kleineren Laufhunden. Er wird bis zu 40 cm groß und erreicht dabei ein Gewicht von etwa 15 kg. Insgesamt wirkt er muskulös und kräftig. Dichtes und kurzes – aber nicht zu kurzes – Haar ist dem Beagle eigen. Typischerweise hat das Fell eine der Spürhundfarben oder weist eine Mischung dieser Farben auf.

Der Beagle ist aufgeweckt, fröhlich und mutig. Zu seiner lieben Art kann gelegentlich eine gewisse Eigenwilligkeit kommen. Er ist ein sehr guter Jagdhund. Wer ihn in der Stadt halten will, muss ihm Ersatz für die Wildbahn bieten.

Bearded Collie

Dieser Schäferhund kann bis zu etwa 60 cm groß werden. Etwas kleinere Exemplare wiegen um 20 kg. Er hat einen langen Körper mit geradem Rücken und tief angesetzter Rute. Weiches Unterfell wird von hartem Deckhaar überlagert. Verschiedene Farben kommen vor, unter anderem Grau, Sandfarben, Rötlichbraun und Schwarz.

Das lange Fell muss sehr gründlich gebürstet werden. Das gilt vor allem für die ersten Lebensjahre.

Dem Bearded Collie wird ein sanftes, intelligentes Wesen nachgesagt. Er ist ein ausgesprochen freundliches Tier mit einer guten Auffassungsgabe.

Der Bearded Collie kann bei entsprechender Ausbildung natürlich als Schäferhund eingesetzt werden. Er eignet sich aber auch als Familienhund, wenn man ihm ausreichend Auslauf gewährt. Schöner als eine große Wohnung wäre für diesen Hund ein Haus mit Garten. Mit Kindern kommt der langhaarige Collie hervorragend aus.

Bedlington-Terrier

Dieser ungewöhnlich aussehende Terrier erreicht eine Größe von etwa 40 cm bei einem Gewicht von etwa 10 kg.

Die Kruppe ist abschüssig, der Bauch wie bei einem Windhund eingezogen. Die Deckhaare sind wollig und dick. Die Unterwolle ist dicht und gekräuselt.

In weißer Farbe sieht der Bedlington-Terrier einem Schaf nicht unähnlich. Aber es gibt ihn auch in anderen Farben.

Den Bedlington-Terrier kann man als recht ruhigen Zeitgenossen bezeichnen, da er nicht viel bellt. Doch ist er alles andere als phlegmatisch.

Er gibt sich mutig, unabhängig und verspielt und kann große Anhänglichkeit entwickeln.

Berger de Brie (Briard)

Der Briard ist ein recht großer Hütehund. Er erreicht eine Größe von rund 70 cm bei einem Gewicht von etwa 30 kg. Er hat einen geraden Rücken, muskulöse Gliedmaßen und einen kräftigen Kopf.

INFO

Trockenes und biegsames, etwa 7 cm langes Haar, das auf dem ganzen Körper gleichmäßig verteilt ist, ist typisch für den Briard. Der Briard soll einfarbig, jedoch nicht weiß sein. Das recht lange Fell bleibt besonders ansehnlich, wenn man es regelmäßig bürstet.

Sanft und sensibel ist der Briard, doch keineswegs verschreckt, sondern sehr mutig. Eine kleine Wohnung ist nicht der geeignete Ort für ihn.

Er kann zwar in einer größeren Wohnung gehalten werden, doch sollte man wie bei allen langhaarigen Hunden schon vor der Anschaffung überlegen, ob man die auch bei regelmäßiger Fellpflege gelegentlich ausfallenden Haare nicht als störend empfindet.

Der Briard benötigt nicht nur viel Platz, er braucht auch viel Bewegung. Mit anderen Hunden und auch mit Kindern versteht er sich recht gut.

Der Name dieses Hundes soll nicht auf eine Landschaft, sondern auf einen Personennamen zurückgehen. Es wird eine Verwandtschaft zum Bergamasker Hirtenhund vermutet.

Berner Sennenhund

Dieser beliebte eidgenössische Hund erreicht eine Größe von bis zu 70 cm. Er bringt es auf ein stolzes Gewicht von bis zu etwa 40 kg. Der ausdrucksvolle Kopf weist einen kräftigen Fang mit nicht stark ausgebildeten Lefzen auf.

Das Fell dieses großen Tieres ist schwarz glänzend mit leuchtenden Abzeichen in gelbroter Färbung. Der Griff ins Fell des Berner Sennenhundes ist angenehm. Die Haare sind lang und dicht, leicht gewellt, jedoch nicht kraus. Ein solch prachtvolles Fell bedarf regelmäßiger und gründlicher Pflege.

Der Berner Sennenhund vereint in sich eine Reihe guter Eigenschaften. Sein Wesen ist geprägt von Gelassenheit und Ruhe. Er ist intelligent, eifrig und aufmerksam. Seine Wachsamkeit macht sich gegenüber Fremden zuverlässig bemerkbar. Zu übertriebenem Gebell neigt er aber nicht. Gegenüber „seinen" Menschen entwickelt der Berner Sennenhund große Anhänglichkeit. Ein Haus mit Garten sollte man diesem großen Tier schon bieten. Freude bereiten ihm Spaziergänge, die nicht zu kurz sind. Wer diesen Hund nicht als Wach- oder Schutzhund einsetzen möchte, findet in ihm einen angenehmen und kinderfreundlichen Familienhund.

Bernhardiner

Ein Bernhardiner darf nicht klein sein. 65 bis 70 cm soll dieser mächtige Hund nicht unterschreiten. Bei Rüden gelten 70 cm als Minimum. Ein großer Bernhardiner wiegt bis zu 90 kg. Es gibt einen langhaarigen und einen stockhaarigen Schlag. Das Fell des langhaarigen Bernhardiners ist nicht extrem lang, sondern mittellang und kann leicht gewellt sein. Der stockhaarige Schlag hat deutlich kürzeres, derbes, aber nicht raues Fell, das eng anliegt. Typische Farbtöne sind Rot, Mahagoni und Orange mit Weiß.

Der Bernhardiner hat ein freundliches und ruhiges Wesen. Doch damit ist die Palette seiner guten Eigenschaften noch nicht erschöpft. Es müssen auf jeden Fall seine Intelligenz, seine Zuverlässigkeit und seine Anhänglichkeit erwähnt werden.

Ein Bernhardiner ist kein Stubenhocker. Er liegt zwar gerne schon einmal herum, braucht aber viel Bewegung. Dann kann er zeigen, wie viel Kraft und Ausdauer in ihm stecken. Das große Tier sollte schon in einem Haus mit einem Garten leben können.

Bichon Bolognais

Der Bologneser wird bis zu 30 cm groß. Sein Gewicht liegt bei etwa 3 bis 5 kg. Rumpf und Schulterhöhe entsprechen sich in etwa. Das Fell dieses kleinen Hundes erinnert an Pudelfell und ist von reinem Weiß. Es fühlt sich flockig und seidenartig an. An Rute und Ohren ist das Fell länger.

Soll der Bologneser dauerhaft flockig und flauschig aussehen, muss man das Fell täglich pflegen. Es empfiehlt sich, zu kämmen und zu bürsten.

Der kleine weiße Hund ist nicht besonders lebhaft. Man könnte ihn eher als ruhig bezeichnen. Er entwickelt große Anhänglichkeit.

Man kann diesen Hund aufgrund seiner Größe und seines Temperaments gut in der Wohnung halten. Natürlich braucht auch er seinen Auslauf. Zu Kindern ist der Bologneser alles andere als unfreundlich. Es ist aber auch nicht zu erwarten, dass er mit ihnen herumtoben wird. Ganz wichtig ist für ihn eine ständige Bezugsperson. Wenn sie in der Nähe ist, fühlt er sich wohl.

Bichon Frisé

Dieser mit bis zu 30 cm nicht gerade große Mittelmeerhund wiegt etwa 4 kg. Er hat dunkle runde Augen und hängende Ohren. Weiß ist die bevorzugte Farbe beim Bichon Frisé. Die Tiere können auch schon einmal braune und graue Flecken haben. Das Fell ist in der Regel lockig und seidig.

Der Bichon ist aufmerksam, gelehrig und lebhaft. Eine Eigenschaft, die ihn ebenfalls typischerweise auszeichnet, ist seine Anhänglichkeit.

Der Bichon Frisé ist ein guter Familienhund. Mit Kindern versteht er sich ausgezeichnet. Aufgrund seiner geringen Größe kann er auch in einer kleineren Wohnung gehalten werden. Da er einen lebhaften Charakter hat, tut man gut daran, ihm ausreichend Auslauf zu gewähren.

Der Bichon Frisé gehört zu der Gruppe der Bichons. Wer genau unter seinen Vorfahren war, darüber bestehen unterschiedliche Auffassungen. Genannt werden unter anderem der Barbet, der Wasserspaniel und der Malteser.

Bichon Havanais

Dieser kleine Mittelmeerhund wird etwa 25 bis 35 cm groß und erreicht ein Gewicht von ungefähr 6 kg. Er ist von eher länglicher Gestalt mit recht kurzen Beinen. Langes, weiches Fell zeichnet den Havaneser aus. Es ist überwiegend glatt, nur an den Spitzen können sich Locken bilden.

Eher hellere Farben sind typisch für die Hunde dieser Rasse. Aber auch dunklere Töne wie beispielsweise Braun können manchmal vorkommen. Ein solches Fell macht vergleichsweise viel Arbeit, wenn es gepflegt aussehen soll. Man muss es recht oft kämmen und auch bürsten.

Klein, aber oho, könnte man über den Havaneser sagen. Er ist sehr munter und spielt gern. Er kann auch ausgesprochen anhänglich und treu sein. Man braucht diesem Hund kein großes Grundstück zu bieten. Natürlich muss man ihm dennoch genügend Bewegung und Auslauf geben. Grundsätzlich gehört der Havaneser aber zu den Hunderassen, die sich sehr gut als Wohnungshund eignen. Es erweist sich dabei auch als günstig, dass der Havaneser in der Regel nicht übermäßig viel kläfft. Mit anderen Hunden versteht er sich gut, mit Kindern mindestens genauso gut.

Billy

Der Billy ist groß und kräftig, er wirkt jedoch eher leicht. Er wird in der Regel 60 bis 70 cm groß und 25 bis 30 kg schwer. Hartes, kurzes Glatthaar zeichnet den Billy aus. Als Farben kommen Weiß, auch Hellbraun sowie Weiß mit Zeichnungen in orangefarbener und zitronengelber Tönung vor.

Dieser Jäger ist unermüdlich und ausgesprochen schnell. Bei der Jagd zeigt er großen Einsatz und Ausdauer. Mit anderen Hunden und mit Kindern verträgt sich der Billy gut. Dennoch ist er aufgrund seiner Veranlagung zum Jagdhund in der Regel nicht als Familienhund geeignet. Er fühlt sich in einer Hundemeute wohl.

Bloodhound

Der Bloodhound ist ein Laufhund mit kräftiger Gestalt. Er wird weit über 60 cm groß. Seinen massigen Körper – er erreicht ein Gewicht von etwa 40 bis 48 kg – bewegt er in majestätischer Gangart fort. Dieser kräftige Geselle hat kurzes, feines Haar, das am Kopf und an den Ohren aber nicht hart, sondern seidig ist. Es ist nicht nur eine Färbung zugelassen. Auffallend sind die Hautfalten auf der Stirn und den Wangen.

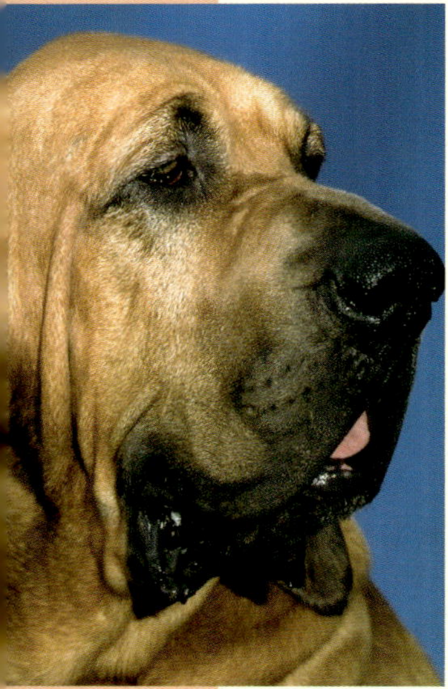

Ungerechterweise hat der Bloodhound, vielleicht bedingt durch seinen Namen, bei manchen Menschen kein gutes Image. Zu Unrecht. Der Name verweist nicht etwa auf Blutrünstigkeit, sondern steht für die Reinblütigkeit des Tieres. Bei guter Behandlung – die allerdings bei allen Hunden Voraussetzung für gutes Verhalten ist – entwickelt der Bloodhound Gehorsam, Anhänglichkeit und Sanftmut. Behandelt man ihn schlecht, reagiert er ebenfalls unangenehm. Er kann dann zu aggressivem Verhalten und auch zu Beißlust neigen.

Der Bloodhound braucht viel Platz. Ein Haus mit Garten sollte ihm geboten werden. Ist genügend Platz vorhanden, kann darüber nachgedacht werden, den Bloodhound als Familienhund zu halten. Er kommt gut mit Kindern zurecht.

Bobtail

Dieser große Hirtenhund kann bis zu etwa 65 cm groß werden. Sein Gewicht liegt bei etwa 30 bis 35 kg. Der Bobtail ist kräftig und hat geschmeidige Bewegungen, in einzelnen Gangarten auch schaukelnde Bewegungen. Das Fell ist das erste, was man üblicherweise am Bobtail wahrnimmt. Es ist reichlich vorhanden, lang, zottelig und eher rau. Wenn sich die Haare verheddern und man keinen verfilzt aussehenden Hund haben möchte, hat man viel Arbeit. Der Bobtail ist ein ruhiger Vierbeiner. Zudem zeichnet er sich durch Anhänglichkeit aus. Viel Platz ist auch bei diesem Hirtenhund eine wichtige Bedingung. Als Familienhund ist der Bobtail sehr gut geeignet. Kinder mag er gern, und Kinder mögen ihn, weil er sich nicht so schnell aus der Ruhe bringen lässt.

Border-Collie

Dieser Hütehund wird in der Regel etwa gut 50 cm groß. Rücken und Brust sind recht kräftig. Sein Gewicht liegt normalerweise bei unter bis knapp über 20 kg.

Der Border-Collie kommt in verschiedenen Farben vor. Beim einzelnen Hund ist nicht erwünscht, dass Weiß überwiegt. Der langhaarige Schlag soll befederte Läufe, eine buschige Rute und eine Mähne aufweisen. Es gibt außerdem einen kurzhaarigen Schlag.

Viel Arbeit bereitet die Fellpflege beim Fellwechsel. Aber auch während der übrigen Zeit empfiehlt es sich, die Hunde dieser Rasse regelmäßig und gründlich zu bürsten.

Der Border-Collie versteht rasch, was man von ihm möchte. Er reagiert auch schnell. Er ist sehr munter und anhänglich.

Mit Kindern kommt der Border-Collie gut zurecht. Diese Eigenschaft sowie seine Gehorsamkeit und Anhänglichkeit lassen ihn als Familienhund geeignet erscheinen. Er sollte jedoch nicht im Haus gehalten werden – und schon gar nicht in einer beengten Wohnung.

Border-Terrier

Der Border-Terrier wird etwa 30 cm groß. Sein Gewicht liegt in der Regel deutlich unter 10 kg. Er hat einen schlanken Kopf und einen insgesamt eher rechteckigen, aber nicht lang gestreckten Körper. Das raue, harte Kurzhaar über dichter Unterwolle schützt diesen Terrier gegen Wind, Wetter und Wasser. Der Border-Terrier kommt in mehreren Farben, zum Teil auch meliert, vor.

Die Haarpflege ist bei diesem Terrier nicht aufwändig. Gelegentliches Bürsten kann, was die regelmäßige Pflege angeht, als ausreichend betrachtet werden.

Ein Border-Terrier gibt nicht so schnell auf. Er ist hartnäckig. Man könnte ihn als gelegentlich dickköpfig bezeichnen, wird ihm aber nicht gerecht, wenn man nicht auch seine Anpassungsfähigkeit erwähnt. Zudem ist dieser Terrier munter und mutig.

In einer Familie passt er sich gut an und begegnet auch den Kindern freundlich. Man sollte ihn aber nicht in beengte Räumlichkeiten zwängen, wenn man ihm als Ausgleich dafür keine ausgedehnten Spaziergänge in Wald, Feld oder auf Grünflächen anbieten kann oder will.

Borzoi

Der Borzoi ist ein großer Windhund. Er erreicht eine Höhe von bis zu 82 cm und wiegt 35 bis 45 kg. Er hat einen langen, schmalen Kopf und eine zugespitzte Schnauze. Den Bauch kann man als stark eingezogen beschreiben.

Einfarbig weiße Tiere und weiße Tiere mit farbigen Flecken sind sehr verbreitet. Das Haar ist lang und wird oft gelockt bevorzugt, kann jedoch auch gewellt oder flach sein.

Man kann den Borzoi als stolz und zurückhaltend bezeichnen. Abweisend und zuweilen recht unfreundlich ist er gegenüber Fremden, anhänglich und gehorsam gegenüber den Menschen, die er kennt und mit denen er zusammen lebt.

Sehr viel Platz und sehr viel Auslauf sind gewissermaßen lebensnotwendig für diesen russischen Renner. Mit anderen Hunden versteht er sich nicht immer gut. Man sagt aber, dass er Artgenossen akzeptiert, wenn sie im selben Haushalt leben.

Boston-Terrier

Dieser Terrier erreicht eine Körpergröße von etwa 30 bis 35 cm. Es werden drei verschiedene Gewichtsklassen unterschieden. Sein mittleres Gewicht liegt bei etwa 7 bis 9 kg. Der Körperbau ist robust und kräftig, jedoch nicht massig. Der Schädel ist relativ breit und flach mit kurzem Fang. Das kurze, glänzende Fell ist weich. Boston-Terrier sind schwarz mit Weiß oder – was bevorzugt wird – dunkel gestromt mit Weiß gefärbt.

Den Glanz der feinen, weichen Haare zu erhalten, ist nicht aufwändig. Man bürstet das Fell gelegentlich und kann es ab und an mit einem feuchten Ledertuch abreiben. Der Boston-Terrier vereint einige sehr angenehme Eigenschaften in sich. Er ist intelligent, munter und aufgeweckt. Zudem gehorcht er gut.

Als Familienhund eignet sich der Boston-Terrier sehr gut. Sein aufgewecktes Wesen und seine Zuneigung zu Kindern sind in diesem Punkt von Vorteil. Er kann Kindern ein sehr guter Kamerad werden. Man kann diesen nicht sehr großen Hund in der Wohnung halten. Als Vorteil ist in diesem Zusammenhang noch zu nennen, dass er zwar wachsam ist, aber nicht übermäßig viel bellt.

Braque Français

Vertreter dieser alten Rasse werden bis zu knapp unter 70 cm groß und können ein Gewicht von etwas über 30 kg erreichen. Diese Angaben beziehen sich auf den größeren Typ. Der kleinere Typ heißt Braque Français de petite taille und erreicht eine Größe von 60 cm bei einem Gewicht, das in der Regel um 20 kg liegt. Der Braque Français ist ein kräftiger Hund.

Das Haar ist am ganzen Körper dicht und fein. Besonders feine Haare weist der Kopf auf. Es gibt verschiedene Färbungen; unter anderem gibt es Braunschimmel sowie weiß und braun gesprenkelte Ausprägungen. Der Braque Français hat ein sanftes und gutmütiges Wesen. Dabei ist er durchaus sehr munter. Er ist ein Hund, der ohne Probleme zu Gehorsam erzogen werden kann. Diese Neigung macht sich bei der Abrichtung zum Jagdhund sehr positiv bemerkbar.

Durch ihre typischen Wesensmerkmale können sich diese Hunde gut anpassen. Das ist ein Vorteil im häuslichen Umfeld. Ihrem Bewegungsdrang kommt es entgegen, wenn sie zusätzlich zu Spaziergängen Auslauf in einen Garten haben. Mit anderen Hunden gibt es in der Regel so gut wie keine Probleme. Kinderlieb sind diese Rassehunde ebenfalls.

Bulldogge

Diese kräftigen kleinen Hunde werden in der Regel etwa 40 cm groß. Mit bis zu 25 kg sind sie für ihre Größe vergleichsweise schwer. Der Kopf ist groß, die Oberlefzen hängen über. Kurz, weich und dicht ist das Fell der Bulldogge.

Eher unverträglich sieht das Tier aus – doch muss das überhaupt nicht so sein. Heutige Bulldoggen können sich als geradezu sanft, freundlich und liebenswert erweisen. Sie zeigen Zuverlässigkeit, Anhänglichkeit und sind zudem sehr wachsam.

Sehr viel Auslauf braucht eine Bulldogge nicht unbedingt. Man sagt diesen Tieren ausgeprägte Kinderfreundlichkeit nach. Problematisch kann dagegen das Verhalten gegenüber anderen Tieren sein.

In früheren Zeiten wurden Bulldoggen dazu gezüchtet, Bullen zu beißen. Diese grausamen Schauspiele wurden zu Beginn des 19. Jahrhunderts verboten. Bei den folgenden Hundegenerationen legten die Züchter weniger Wert auf Aggressivität und Kampfesmut.

Bullterrier

Diese Terrier gibt es in unterschiedlicher Größe und mit unterschiedlichem Gewicht. Kurz und glatt ist das Fell dieser Hunde. Es gibt weiße Tiere, aber auch gestromte oder vielfarbige. Bullterrier haben nicht den Ruf, zu den friedlichsten Tieren zu gehören.

Sie gelten als gute Wächter, sie zeichnen sich durch Nervenfestigkeit und Mut aus. Außerdem neigen sie zu großer Anhänglichkeit. Der Bullterrier gehört zu den Hunden, bei denen besonders deutlich wird, welche Behandlung und Erziehung sie erfahren haben. Behandelt man ihn schlecht, wird er bösartig und gefährlich. Was er braucht, ist eine konsequente Erziehung mit viel Liebe und Geduld.

Jemand, der noch keine Erfahrung mit Hunden hat oder etwas unbeholfen im Umgang mit ihnen ist, sollte sich keinen Bullterrier halten.

Cavalier-King-Charles-Spaniel

Dieser Zwergspaniel erreicht eine Größe von bis zu etwa 35 cm. Mit seinem Gewicht liegt er in der Regel deutlich unter der 10-kg-Grenze. Der kleine Spaniel hat seidigweiches, langes Fell, das gewellt sein kann.

Der Cavalier-King-Charles-Spaniel ist kein Kind von Traurigkeit. Er spielt gerne und ist sehr munter und gesellig. Auch ist er sehr gehorsam. Man kann diesen Zwergspaniel in einer Stadtwohnung halten. Natürlich braucht er genügend Bewegung. Einen Teil seiner Energie setzt er beim Herumtollen um. Zu Kindern entwickelt er ein sehr gutes Verhältnis. Man sagt ihm nach, dass er nicht gerne alleine bleibt.

Chesapeake-Bay-Retriever

Knapp unter 70 cm hoch kann dieser prachtvolle Jagdhund werden. Mit etwa 30 kg ist er für seine Größe nicht ungewöhnlich schwer. Er hat einen soliden, gut proportionierten Körperbau mit robusten Gliedmaßen. Der Chesapeake-Bay-Retriever weist eine für Wasserhunde typische Besonderheit auf: Er hat zwischen den Zehen Schwimmhäute. Wasserundurchlässige Unterwolle verbirgt sich unter dichtem, kurzem Deckhaar, das auf dem Rücken leicht gewellt sein kann. Alle Braunschattierungen kommen vor, auch gelbliche Tönungen.

Dieser Hund vereint eine Reihe sehr angenehmer Wesensmerkmale in sich. Er ist intelligent, mutig und schnell. Seinem Herrchen oder Frauchen gegenüber entwickelt er große Zuneigung und Treue. Viel Platz braucht dieser kräftige Geselle, und viel Bewegung dazu. Bewegung im Wasser kommt ihm ebenfalls entgegen.

Er versteht sich nicht mit jedem anderen Hund gut. Mit Kindern kommt er meist deutlich besser zurecht. Da der Chesapeake-Bay-Retriever lernwillig und aktiv ist, sollte man ihm sinnvolle Beschäftigungen geben.

Chihuahua

Ein kleiner und leichtgewichtiger Hund ist der Chihuahua. Er wird nur selten größer als 20 cm und wiegt in der Regel 1 bis 3 kg. Es gibt einen langhaarigen und einen kurzhaarigen Schlag. Bei dieser Rasse sind alle Farben und -kombinationen erwünscht.

Das Gebiss erfordert, wie dies auch bei einigen anderen Hunderassen der Fall ist, gute Pflege und besonders sorgsamen Schutz.

Der Chihuahua ist trotz seiner geringen Größe wachsam, mutig und zudem sehr lebhaft. Er zeichnet sich durch Intelligenz und Fügsamkeit aus.

Aufgrund seiner Größe kann dieser Hund auch in einer kleineren Wohnung gehalten werden. Gegenüber anderen Hunden zeigt er keine Angst. Mit Kindern kommt er sehr gut zurecht. Anders als manche andere Rasse passt er sich verschiedenen klimatischen Bedingungen gut an.

Chow-Chow

Dieser bekannte chinesische Hund wird in der Regel etwas mehr als 50 cm groß und erreicht ein Gewicht von etwa 25 bis 30 kg. Der Chow-Chow trägt einen dichten Pelz. Am Hals hat er eine Mähne, die Rute ist buschig. Die Hunde dieser Rasse sind einfarbig. Es kommen eine Reihe von Farben vor.

Wenn der Haarwechsel ansteht, heißt es: sehr oft und gründlich bürsten. Auch während der übrigen Zeit muss das Fell gepflegt werden.

Der Chow-Chow sucht engen Anschluss nur an sein Herrchen oder Frauchen. Man nennt ihn deswegen einen typischen „Ein-Mann-Hund". Er ist sehr freiheitsliebend. Er ist unabhängig, ordnet sich nicht gern unter und lässt sich nur sehr ungern zu etwas zwingen. Darüber hinaus ist er im Allgemeinen ruhig, aber wachsam.

Man kann einen Hund dieser Rasse durchaus in einer nicht zu kleinen Wohnung halten. Viel Auslauf und Bewegung sind aber unbedingt empfehlenswert. Mit anderen Hunden verträgt sich der Chow-Chow nicht immer gut. Zu Kindern kann er ein besseres Verhältnis entwickeln.

Cocker-Spaniel

Der Englische Cocker-Spaniel ist im Allgemeinen größer als der Amerikanische Cocker-Spaniel. Etwa 40 cm groß werden die Hunde. Dabei wird ein Gewicht von ungefähr 12 bis 14 kg erreicht. Beim Englischen Cocker-Spaniel ist das Fell flach und seidig, manchmal leicht gewellt. Das Fell des Amerikanischen Cocker-Spaniels ist länger.

Ein ausgesprochen ruhiger Hund ist der Cocker-Spaniel nicht. Er ist angenehm lebhaft, intelligent und aufgeweckt. Er kann sehr große Verbundenheit zu seinem Herrchen oder Frauchen entwickeln. Um dieses lernfähige Temperamentsbündel zu erziehen, bedarf es einer geduldigen und konsequenten, dabei sehr liebevollen Hand.

Collie

Diese beliebte Hunderasse erreicht eine Größe von ungefähr 60 cm. Das Gewicht liegt um etwa 20 kg. Der kurzhaarige und der langhaarige Schlag unterscheiden sich im Körperbau nicht, sehen wegen der unterschiedlichen Behaarung aber auf den ersten Blick recht verschieden aus. Collies sind unter anderem dreifarbig (lohfarben, schwarz, weiß) und sandfarben mit Weiß.

Der Collie ist ein fröhlicher, ungekünstelter und ruhiger Naturbursche. Er besitzt eine sehr gute Lernfähigkeit. Seine Vorzüge kommen allerdings nicht zum Tragen, wenn man ihn unsensibel behandelt.

Der Collie kann problemlos als Haushund gehalten werden. Man sagt ihm nach, dass er sich mit anderen Hunden nicht ganz so gut versteht wie mit Kindern.

Wer sich einen Collie anschafft, sollte bedenken, dass die ursprüngliche Aufgabe dieses Hirtenhundes mit sehr viel Bewegung verbunden gewesen ist.

Coton de Tuléar

Dieser kleine Haushund sieht dem Malteser ähnlich. Er wird etwa 30 cm groß und erreicht ein Gewicht von in der Regel knapp 4 kg. Das meist rein weiße, lange Fell fühlt sich an wie Baumwolle. Soll es flauschig sein, muss man es unbedingt regelmäßig bürsten.

Der Coton de Tuléar ist munter und intelligent. Er kann sich recht temperamentvoll verhalten. Das Entwickeln von Zuneigung und Treue gehört ebenfalls zu den großen Stärken dieses kleinen Hundes.

Obwohl der Hund klein ist und sich grundsätzlich als Wohnungshund eignet, wäre ein Grundstück mit Garten noch schöner für ihn.

Mit anderen Hunden und mit Kindern verträgt er sich gut. Im Übrigen hat er es gern gesellig. In einem Haushalt mit viel Trubel und vielleicht auch noch anderen Tieren kann er sich bei guter und konsequenter Erziehung sehr wohl fühlen. Der Coton de Tuléar kommt aus Madagaskar. Diese Hunderasse ist erst in den siebziger Jahren des letzten Jahrhunderts international anerkannt worden.

Dalmatiner

Diese hochläufigen Hunde erreichen eine Größe von etwa 50 bis 60 cm. Dabei sind sie zirka 20 bis 25 kg schwer. Der Körper hat eine insgesamt wohl proportionierte, muskulöse und elegante Form. Der Kopf ist mäßig lang mit langem Fang.

Das Fell ist kurz, hart und wächst dicht. Es ist zwar fein, aber nicht besonders weich. Reinweiß ist die Grundfarbe dieser Hunde. Darauf verteilen sich die charakteristischen dunklen Flecken unterschiedlicher Größe. Diese entwickeln sich erst allmählich bei den jungen Hunden und haben in der Regel ihre volle Gestalt angenommen, wenn die Tiere etwa anderthalb Jahre alt sind.

TIPP *Die Pflege des kurzen Glatthaares bereitet keine Probleme. Gelegentliches Bürsten sowie Abreiben mit einem feuchten Tuch können als ausreichend betrachtet werden.*

Der Dalmatiner ist aufgeweckt und lebhaft. Er hat ein fröhliches Wesen und ist leicht erziehbar – wenn man liebevoll mit ihm umgeht.

Der Dalmatiner ist sehr gut als Familienhund geeignet. Obwohl es sein kann, dass er ein Familienmitglied bevorzugt, ist er den anderen auch zugetan. Er ist ein Hund, der ganz besonders vorsichtig und gut mit Kindern umgeht. Man kann ihn in einer Stadtwohnung halten, wenn man ihm sehr viel Gelegenheit gibt, beim Rennen Energie loszuwerden.

Dandie-Dinmont-Terrier

Die Größe dieser Terrier liegt bei etwas über 20 bis etwas unter 30 cm. Das Gewicht beträgt in der Regel 8 kg oder mehr. Nicht „Pfeffer und Salz", sondern „Pfeffer" und „Senf" sind die beiden Farbtypen, die man bei dieser Rasse unterscheidet. Zu jedem Typ gehören mehrere Tönungen. Das Fell ist etwa 5 cm lang und eine Mischung aus harten und weichen Haaren.

Mutig und ausdauernd ist dieser kleine Terrier. Zudem ist er gesellig und fröhlich. Wie so mancher andere kleine Hund überrascht er durch ein ausgeprägtes Selbstbewusstsein.

Der Dandie-Dinmont-Terrier ist ein wachsamer Haushund. Fremden gegenüber kann er recht misstrauisch sein. Kinder mag er, und mit anderen Hunden versteht er sich in der Regel gut. Wenn man viel mit ihm spazieren geht, kann man den kleinen Gesellen in einer Wohnung halten.

Wie bei vielen Terriern ist die Herkunft nicht ganz eindeutig geklärt. Es wird vermutet, dass die Vorfahren Jagdhunde im englisch-schottischen Grenzgebiet waren. Der Name des Dandie-Dinmont-Terriers geht auf einen Roman des schottischen Dichters Walter Scott zurück.

Deerhound

Dieser vergleichsweise seltene Hund kann bis zu etwa 80 cm groß werden und ein Gewicht von etwa 50 kg erreichen. Der Deerhound ist ein robust gebautes und doch nicht unelegant wirkendes Tier. Das raue, trockene Haar ist etwa 8 bis 10 cm lang und kann verschiedene Farben haben, zum Beispiel Schiefergrau, Gelb oder Rotgrau.

Dieser große Windhund ist sanftmütig und geduldig. Er kann große Anhänglichkeit entwickeln. Zudem ist er intelligent.

Ein großer Windhund wie dieser braucht sehr viel Bewegung. Man kann ihn in einem Haus mit Garten besser halten als in einer Wohnung. Der Deerhound kann sowohl zu anderen Hunden als auch zu Kindern ein sehr gutes Verhältnis entwickeln. Das Haus bewacht er aufmerksam.

In Schottland hat sich die alte Rasse schon früh den Ruf eines Luxustieres erworben. Wie der Name Deerhound schon erahnen lässt, wurde dieser Hund zur Jagd auf Hirsche eingesetzt. Im späten 18. Jahrhundert achtete man bei der Zucht verstärkt darauf, umgänglichere und vor allem folgsamere Tiere heranzuziehen.

Deutsch Drahthaar

Hunde dieser Jagdhundrasse werden in der Regel zwischen 55 und knapp unter 70 cm groß. Ihr Gewicht kann 30 kg erreichen. Das Fell ist drahtig-rau und liegt recht eng an. Unauffällige Färbungen wie beispielsweise Mittelbraun oder Braun mit Weiß sind üblich.

Diesem Jagdhund entgeht, wenn er ausgebildet ist, so leicht nichts. Er eignet sich für viele Bereiche der Jagd und ist besonders gut im Apportieren. Er ist sehr treu und zudem wachsam.

Wenn man einen Deutsch Drahthaar als Haushund hält, sollte schon ein Garten zum Haus gehören. Mit anderen Hunden und mit Kindern gibt es bei diesem Hund in der Regel keine Probleme.

Als Zuchtziel beim Deutsch Drahthaar wurde ein in vielen Bereichen ausgesprochen leistungsfähiger und zudem wetterfester Hund festgelegt. Der Deutsch Drahthaar ist eine relativ junge Jagdhundrasse. Er gehört zur Gruppe der Deutschen Vorstehhunde. Vorstehhunde haben bei der Jagd die Aufgabe, vor dem Wild stehen zu bleiben und dem Jäger so zu signalisieren, wo das Wild sich befindet. Dabei heben die Hunde typischerweise eine Pfote.

Deutsch Langhaar

Exemplare dieser alten Jagdhundrasse können über 60 cm groß werden. Ihr Gewicht liegt in der Regel bei etwa 25 bis 30 kg. Sie haben einen edlen, lang gestreckten Kopf und von der Gestalt her viel Ähnlichkeit mit dem Deutsch Drahthaar. Die Haare werden etwa 3 bis 5 cm lang. An Brust und Bauch können sie um einiges länger sein. Mehrere Farben und Färbungen kommen vor.

Der Deutsch Langhaar ist ein folgsamer und – bei guter Abrichtung – äußerst zuverlässiger Jagdhund. Er hat ein sanftes Gemüt und entwickelt die notwendige Schärfe, wenn es darauf ankommt.

Deutscher Boxer

Dieser schon fast jedem Kind bekannte Hund wird in der Regel bis zu etwa 60 cm groß. Mit ungefähr 25 bis 30 kg, die er auf die Waage bringen kann, ist er kein Leichtgewicht, aber für seine Größe ist er auch nicht übertrieben schwer. Er wirkt insgesamt sehr kraftvoll. Das Fell der bekannten und beliebten Hunderasse ist kurz, glatt und glänzend. Als Farben kommen bei dieser Rasse Rotbraun bis fast Gelb in einfarbiger oder gestromter Ausprägung vor.

Der Boxer ist stürmisch. Mit liebevoller und geduldiger Erziehung bringt man ihm bei, seine Kraft da einzusetzen, wo sie den Halter nicht stören kann. Gute Zuchttiere zeichnen sich aber nicht nur durch ihr Temperament, sondern durch Mut, Verlässlichkeit und Treue aus.

Der Boxer kann hervorragend als Schutzhund eingesetzt werden, denn sein großer Mut lässt ihn so schnell vor nichts zurückschrecken. Auch als Familienhund ist er sehr gut geeignet. Er kommt ausgesprochen gut mit Kindern aus. Sie können viel Spaß beim Herumtollen mit ihm haben. Man kann – viel Bewegung im Freien ohne Frage vorausgesetzt – einen Boxer trotz seiner nicht geringen Größe in einer kleineren Wohnung ohne Garten halten.

Deutsche Dogge

Diese imposanten Hunde dürfen und sollen groß sein. Eine Höhe von über 80 cm ist überhaupt keine Seltenheit. Die Deutsche Dogge hat einen kräftigen Rücken, starke Läufe und einen eher langen Kopf. Das Fell ist dicht und kurz. Es glänzt und liegt eng am Körper an. Es gibt verschiedene Färbungen, nach denen teilweise einzelne Schläge unterschieden werden. Die Deutsche Dogge ist ihrem Halter treu ergeben, gegenüber Fremden aber misstrauisch. Sie zeichnet sich durch ihre Wachsamkeit aus und ist im Allgemeinen ein recht ruhiges Tier.

Ein Haus mit Garten ist gewissermaßen das Minimum an Platz, den man diesem großen Tier bieten sollte. Teilweise wird bei dieser wie auch bei einigen anderen Rassen empfohlen, die Tiere im Garten zu halten. Die schnellen Tiere brauchen viel Bewegung. Erzieht man sie liebevoll und konsequent, wird man feststellen, dass diese großen Hunde ein sehr gutes Verhältnis zu Kindern entwickeln können.

Die Deutsche Dogge hat britische Urahnen. Der Mastiff und der Irish Wolfshound sollen unter ihnen sein. Heute wird die Deutsche Dogge als Wach- und Schutzhund eingesetzt.

Deutscher Jagdterrier

Hunde dieser Rasse werden in der Regel bis zu 40 cm groß und erreichen ein Gewicht von ungefähr 7 bis 10 kg. Sie wirken nicht unbedingt kurz, doch etwas gedrungen.

Das Fell ist dicht, hart und rau. Es kommt in einer kurzen und einer etwas längeren Variante vor. Dunkle Farben mit Abzeichen und Tönungen sind typisch. Die Fellpflege bereitet kaum Mühe.

Der Deutsche Jagdterrier ist ein leidenschaftlicher Jäger. Er ist entschlossen, zäh und mutig. Zudem ist er sehr temperamentvoll.

Der Deutsche Jagdterrier gehört in Jägerhand. Man sagt von ihm, dass er zu den wenigen Hunderassen gehört, die bis heute ungeeignet als Begleit- oder einfache Haushunde sind.

Dieser mutige Jäger ist, wie der Name sagt, in Deutschland beheimatet. Er stammt von britischen Terriern ab. Bei der Jagd ist er für die unterschiedlichsten Aufgaben einsetzbar.

Deutscher Schäferhund

Der Deutsche Schäferhund erreicht eine Größe von etwa 60 bis 65 cm und ein Gewicht von bis zu etwa 40 kg. Es gibt den Deutschen Schäferhund in einer kurzhaarigen, einer stockhaarigen und einer langhaarigen Variante. Das Fell kann verschiedene Farben und Tönungen, teilweise mit Abzeichen, aufweisen.

Dieser beliebte Hund vereinigt eine Reihe guter Eigenschaften in sich. Er ist temperamentvoll, sehr lernfähig und lernwillig, mutig und wachsam. Er kann Schärfe und Härte entwickeln. Eine gute Ausbildung, viel Beschäftigung und viel Platz, das sind drei Punkte, die einen Deutschen Schäferhund zu einem sehr wertvollen und zufriedenen Partner machen.

Dobermann

In der Regel werden die Tiere dieser Rasse zwischen 60 und 70 cm groß. Sie können ein Gewicht von etwa 40 kg erreichen. Insgesamt wirkt ein Dobermann kraftvoll und weder massig noch leicht. Das Fell des Dobermanns soll nicht weich sein. Es ist glatt, hart, dicht und kurz. Schwarz, Braun und Blau mit braunen Abzeichen kommen vor.

Fremden gegenüber können sich Wachsamkeit und eher Misstrauen durchsetzen. Seinem Herrchen oder Frauchen ist der Dobermann aber durchaus sehr zugetan und treu. Lebhaftigkeit, Intelligenz, insbesondere eine rasche Auffassungsgabe, Mut und Ausdauer zeichnen diese Rasse aus.

Eine kleine Wohnung ist nicht der geeignete Ort, um einen Dobermann zu halten. Er braucht Platz. Ein Haus mit Garten wäre ein passender Ort. Der Dobermann eignet sich ausgesprochen gut als Diensthund, Wachhund und Schutzhund. Dafür muss er aber sorgsam ausgebildet werden. Setzt man ihn nicht für eine dieser Aufgaben ein, so braucht er doch eine gute und konsequente Erziehung, womit allerdings nicht unnötige Strenge, sondern Fachkunde gemeint ist. In der Regel ist das Verhältnis zu Kindern recht gut. Anderen Hunden gegenüber ist er nicht immer freundlich.

English Setter

Die Hunde dieser Rasse wirken kräftig und harmonisch und dabei eher leicht.

Sie können eine Größe um 60 cm erreichen und wiegen etwa 25 bis 30 kg.

Das Fell des English Setters ist seidigweich und mittellang. Es kommen mehrere Farben vor.

Der English Setter zeichnet sich durch eine Reihe guter Eigenschaften aus, darunter Intelligenz, angenehme Sanftmut, Anhänglichkeit und Bewegungsfreude.

Wenn man ihn als Haushund hält, sollte man ihm Auslauf in den Garten ermöglichen können.

Bei liebevoller und konsequenter Erziehung wird man einen unproblematischen, angenehmen vierbeinigen Begleiter haben.

Entlebucher Sennenhund

Der Entlebucher Sennenhund ist der kleinste eidgenössische Sennenhund. Er erreicht eine Größe von 40 bis zu gut 50 cm und ein Gewicht von etwa 25 kg oder mehr. Das glänzende Kurzhaar liegt fest an. Es weist die typischen Farben der Sennenhunde auf. Gelbbraun bis Rotbraun fügt sich gut in die schwarze Grundfarbe ein.

Das kurze, fest anliegende Fell ist in der Pflege nicht aufwändig. Gelegentliches Bürsten und Abreiben mit einem feuchten Tuch reichen in der Regel vollkommen aus.

Dieser Sennenhund ist sehr wachsam. Darüber hinaus zeichnet er sich durch ein angenehmes, temperamentvolles Wesen aus. Er ist lernfähig und lernwillig. Er kann große Anhänglichkeit entwickeln.

Der Entlebucher Sennenhund kann aufgrund seiner relativ geringen Größe eher in einer geräumigen Stadtwohnung gehalten werden als seine eidgenössischen Kollegen. Bedingung ist dann aber, dass er genügend Auslauf bekommt. Weiter empfiehlt es sich, den Hund nicht zu sehr sich selbst zu überlassen. Mit Kindern und mit anderen Hunden versteht sich diese Hütehundrasse gut.

Eurasier

Diese neuere Hunderasse erreicht eine Größe von etwa 50 bis 60 cm bei einem Gewicht von etwa 30 kg. In seiner gesamten Erscheinung erinnert der Eurasier an einen urwüchsigen Schlittenhund. Das Deckhaar ist mittellang, die Unterwolle dicht. Als Farben kommt gleich eine ganze Palette vor: Rot bis Falben, Wolfsgrau, Schwarz mit und ohne Abzeichen, unter anderem über den Augen.

Der Eurasier ist längst nicht so wild, wie er aussieht. Man könnte sagen, es ist gelungen, die guten Eigenschaften seiner Vorfahren in ihm zu vereinen. Er ist offen, einfühlsam, aufmerksam und wachsam.

Man kann einen Eurasier gut in einer Wohnung halten – ausreichend Auslauf vorausgesetzt. Er eignet sich als Familienhund, da er anders als einer seiner Vorfahren kein „Ein-Mann-Hund" ist. Mit Kindern und anderen Hunden kommt er sehr gut zurecht.

Erst in den fünfziger Jahren des letzten Jahrhunderts begann man mit der Züchtung dieser Rasse. Unter den Vorfahren sind der Chow-Chow, der Wolfsspitz und asiatische Hunde.

Field-Spaniel

Dieser Jagdspaniel wird um 45 cm groß und erreicht ein Gewicht zwischen 15 und 25 kg. Das Fell des Field-Spaniel soll nicht zu kurz sein. Es ist glatt oder auch leicht gewellt, dabei dicht und glänzend. Häufige Farben sind unter anderem Mahagoni und Schwarz. Gelegentlich sollte man den Field-Spaniel kämmen. Bürsten sollte man ihn jeden Tag, wenn man möchte, dass das Fell seidig und nicht struppig wirkt.

Hunde dieser Rasse haben ein liebes Wesen. Sie sind empfindsam, munter und unternehmungslustig. Für die Jagd begeistern sie sich besonders.

Der Field-Spaniel ist ein Jagdhund. Man kann ihn aber durchaus auch als Haushund halten, wobei ein Haus mit Garten tatsächlich einer Wohnung ohne direkte Auslaufmöglichkeit vorzuziehen ist. Viel Bewegung ist eine ganz entscheidende Voraussetzung dafür, dass der agile Vierbeiner sich wohl fühlt. Ansonsten ist er recht unkompliziert. Kinder und seine Artgenossen mag er.

Dieser Vertreter aus der recht großen Gruppe der Spaniel soll unter seinen Vorfahren den Cocker-Spaniel, den Sussex-Spaniel und den Springer-Spaniel haben. Er ist ein leidenschaftlicher Stöberer bei der Jagd.

Fila Brasiliero

Dieser Hund erreicht eine Größe von etwa 75 cm und kann über 50 kg wiegen. Er wirkt ausgesprochen kraftvoll. Das Fell des Fila Brasilieros ist dicht, kurz und weich. Die typischen Farbtönungen bewegen sich im Bereich Gelbbraun und können einfarbig oder auch gestromt sein.

Mit diesem Hund ist nicht zu spaßen, wenn er einen nicht kennt. Der Fila Brasiliero kann seinem Herrchen oder Frauchen gegenüber große Sensibilität entwickeln. Doch gerade Fremden gegenüber kann er seine ganze natürliche Schärfe zeigen. Er ist nicht als geeigneter Haushund im üblichen Sinn zu bezeichnen. Dazu kann er zu scharf werden. Man kommt seiner Veranlagung weitaus mehr entgegen, wenn man ihn als Jagd- oder Wachhund einsetzt.

Finnenspitz

Dieser in Finnland sehr beliebte Hund wird bis zu einem halben Meter groß. Sein Gewicht liegt bei etwa 15 kg. Der Finnenspitz hat einen soliden, doch keinesfalls schwer zu nennenden Körperbau.

Fuchsrot, Kastanienrot und Gelbrot sind typische Farben für diesen finnischen Hund. Bestimmte weiße Abzeichen und schwarzes Stichelhaar sind erlaubt. Das Fell steht vom Körper recht lang ab. Die Unterwolle ist dicht und liegt eng an.

Will man einen gepflegten Finnenspitz um sich haben, muss man das Fell regelmäßig gut bürsten.

Ein ausgesprochener Leisetreter ist der Finnenspitz nicht. Im Gegenteil: Er bellt laut und gerne. Bei der Jagd ist das unerlässlich für ihn. Der Finnenspitz gilt als widerstandsfähiger, wachsamer und liebenswürdiger Hund.

Kinder mag dieser finnische Hund. Auch mit anderen Hunden dürfte es in der Regel kaum unangenehme Situationen geben. Wenn man den Finnenspitz nicht als Jagdhund, sondern als Haushund hält, sollte man einen Garten haben. Auf einem Bauernhof fühlt er sich auch sehr wohl.

Flat-Coated-Retriever

Dieser wohl proportionierte Hund erreicht eine Größe von etwa 60 cm. Dabei wiegt er in der Regel um 30 kg. Das glatte Fell liegt eng an. Es glänzt, ist eher lang und dabei dicht und fein. Die Unterwolle ist dicht.

Der Flat-Coated-Retriever hat viele angenehme Eigenschaften: Er ist intelligent und lernwillig, lässt sich gut erziehen und ausbilden. Außerdem ist er lebhaft, reaktionsschnell und zudem von eher sanftem Gemüt. Er kann große Zuneigung und Treue entwickeln. Der Hund braucht viel Platz und Auslauf. Mit Kindern und mit anderen Hunden verstehen sich die harmonisch gebauten Tiere in der Regel gut.

Foxterrier

Dieser populäre Haushund erreicht eine Größe von knapp unter 40 cm. Mit in der Regel etwa 8 kg ist er nicht gerade schwer für seine Größe. Er hat einen robusten, doch leicht wirkenden Körperbau. Es gibt glatthaarige und drahthaarige Foxterrier. Weiß ist die Grundfarbe des Foxterriers. Hinzu kommen rotbraune und schwarze Markierungen.

Das Drahthaar ist in der Pflege aufwändiger als das Glatthaar. Tägliches Bürsten und regelmäßiges Trimmen empfiehlt sich, um ein rassegerechtes Aussehen des Terriers zu erhalten.

Der Foxterrier ist ein mutiger und wachsamer Hund. Zudem zeichnet er sich durch Intelligenz, Lernfähigkeit und Anhänglichkeit aus. Der Foxterrier wird heute noch als Jagdhund eingesetzt. Er erfreut sich aber auch als Haus- und Familienhund großer Beliebtheit. Ein Haus mit Garten kommt seiner Bewegungslust mehr entgegen als eine Wohnung. So oder so – man kommt um lange Spaziergänge nicht herum, wenn man einen zufriedenen Foxterrier haben möchte. Man sagt diesen Hunden nach, sie verstünden sich mit Kindern besser als mit anderen Hunden.

Golden Retriever

Dieser prächtige Hund wird bis zu 60 cm groß und erreicht ein Gewicht um 30 kg. Er weist einen harmonischen rechteckigen Körperbau auf. Goldfarben ist das Stichwort. Das Fell des Golden Retriever kann goldhellbraun bis goldgelb und cremefarben bis weizengelb getönt sein. Das Fell ist mittellang und kann leicht gewellt oder glatt sein. Dieses Haarkleid verlangt Pflege, wenn es schön aussehen soll.

Der Golden Retriever gilt als sanfter, geduldiger vierbeiniger Kamerad. Er lässt sich gut erziehen und kann ausgesprochen anhänglich sein. Er gilt als eifriger Arbeiter bei der Jagd, der ganz besonders gerne und gut Wild apportiert.

Der Golden Retriever gehört zu den vielseitig einsetzbaren Hunden. Von Jägerseite hört man gelegentlich Klagen, dieser Hund sei zu stark in Mode gekommen, und man werde seiner Veranlagung nicht immer gerecht. Tatsächlich sollte stets bedacht werden, ob man ein Tier artgerecht halten kann. Der Golden Retriever ist sehr gerne beschäftigt und bewegt sich viel. Ein Haus mit möglichst großem Grundstück ist ein gutes Umfeld. Mit Kindern versteht er sich ausgesprochen gut.

Gordon-Setter

Die Hunde dieser Rasse haben eine nicht zu übersehende Ähnlichkeit mit dem English Setter. Insgesamt wirken sie aber etwas kräftiger, wenngleich sie sich in Größe und Gewicht nicht sonderlich unterscheiden. Der Gordon-Setter wird bis zu etwa 65 cm hoch und erreicht ein Gewicht von zirka 30 kg. Seidiges, langes Fell zeichnet diese Hunde aus. Das Fell ist glatt oder auch leicht gewellt.

TIPP *Wer einen gut gepflegt aussehenden Gordon-Setter haben möchte, muss das Fell des Vierbeiners regelmäßig gründlich kämmen und bürsten.*

Der erhaben wirkende Hund ist mit einer Reihe angenehmer Eigenschaften ausgestattet. Er gilt als liebevoll, einfügsam und anhänglich und dabei nicht als unangenehm unterwürfig. Als Jagdhund kann er bei entsprechender Ausbildung sehr vielseitig eingesetzt werden, insbesondere auch für die Arbeit nach dem Schuss. Hält man ihn als Haushund, sollte ihm sehr großzügiger Auslauf gewährt werden. Wie bei vielen größeren und lauffreudigen Hunden ist ein Haus mit großem Grundstück eine gute Voraussetzung dafür, dass sich der Hund wohl fühlt. Mit Kindern kann er aufgrund seiner Geduld sehr gut auskommen.

Den Namen hat der Gordon-Setter dem Herzog von Gordon zu verdanken. Mit der Zucht begann man in der ersten Hälfte des 19. Jahrhunderts.

Greyhound

Dieser bekannte englische Windhund erreicht eine Größe von etwa 70 bis 76 cm. Er ist dabei mit ungefähr 30 bis 35 kg nicht gerade schwer. Die schlanke und doch kraftvolle Rechteckgestalt weist den typisch hochgezogenen Bauch der Windhunde auf. Der Greyhound hat feines, kurzes Fell, das dicht und glänzend ist. Es sind sehr viele verschiedene Farben und Farbkombinationen möglich.

Beim Rennen legt sich der Greyhound so richtig ins Zeug. Er kann bis zu 70 km/h schnell werden. Zu Hause ist er dagegen vor allem zurückhaltend, ruhig und sensibel. Er braucht sehr viel Liebe. Seine guten Eigenschaften werden durch Wachsamkeit ergänzt. Wenn man einen solchen Windhund in einer Wohnung halten möchte, muss man ihm schon sehr viel Auslauf und Beschäftigung bieten. Es wird beim Greyhound wie auch bei einigen anderen Rassen teilweise davon abgeraten, ihn überhaupt als Luxushund zu halten. Er braucht ausgesprochen viel Bewegung und Platz, um sich wohl fühlen zu können. Mit Kindern versteht sich der Greyhound nicht in jedem Fall gut. Das hängt damit zusammen, dass dieser elegante Windhund immer dann auf seine Ruhe besteht, wenn ihm danach zumute ist.

Griffon Fauve de Bretagne

Dieser kraftvolle Hund kann bis zu etwa 55 cm groß werden. Er erreicht ein Gewicht von etwa 25 kg. Der Griffon Fauve de Bretagne hat ein leicht rechteckiges Format und eine mittellange, zugespitzte Rute.

Die Hunde dieser Rasse haben mittellanges, sehr hartes Fell. An den Ohren ist das Fell weicher. Als Farben kommen rotbraune, fahlrote und weizengelbe Tönungen vor. Dabei sind leuchtende Farbtöne besonders beliebt.

Der Griffon Fauve de Bretagne ist ein leidenschaftlicher Jagdhund. Er ist sehr munter und temperamentvoll. Der Hund hat überdies einen freundlichen Charakter und ist anhänglich.

Ein solcher Hund wird sich in Jägerhand am wohlsten fühlen. Da kann er sich seiner Veranlagung entsprechend bewegen und nützlich machen, indem er zum Beispiel seinen hervorragenden Geruchssinn einsetzt.

Eine Wohnung ist kein geeignetes Umfeld für ihn, da er sich nicht ausreichend bewegen kann. Mit anderen Hunden verträgt er sich recht gut.

Grönlandhund

Diese Hunde erreichen eine Größe von gut 60 cm. Das Gewicht kann 30 kg überschreiten. Der Grönlandhund wirkt mit seinem gut bemuskelten Körper kraftvoll, doch keineswegs zu schwer. Grönlandhunde haben ein dichtes Fell mit kräftigem geradem Deckhaar. Die Unterwolle ist im Gegensatz zum Deckhaar weich. Bezüglich der Farbenvielfalt sind kaum Grenzen gesetzt.

Ein Grönlandhund ist gegen vieles gewappnet. Man kann ihn als unabhängigen Naturburschen bezeichnen. Er hat ein impulsives, freundliches Wesen und ist der Jagd nicht abgeneigt. Als reines Luxustier ist der Grönlandhund sicherlich nicht gerade gut geeignet.

Alles in allem handelt es sich beim Grönlandhund um einen typischen Gebrauchshund, der seinem Herrchen oder Frauchen sehr ergeben ist. Er braucht eine Aufgabe, die seinem Naturell entspricht, und er braucht ausgesprochen viel Auslauf. Zu anderen Tieren pflegt er nicht immer ein freundliches Verhältnis. Er wird sich eher etwas unberechenbar verhalten. Mit Kindern dagegen kann er sich gut verstehen.

Großer Sennenhund

Der Große Schweizer Sennenhund kann über 70 cm groß werden. Mit etwa 40 bis 50 kg ist er auch kein Leichtgewicht. Das Deckhaar ist relativ kurz und hart, die Unterwolle dicht. Zu der typischen Fellzeichnung gehören die schwarze Grundfarbe mit rostbraunen und weißen Abzeichen. Auffällig und einprägsam sind insbesondere die symmetrischen rostfarbenen Abzeichen über den Augen und die gleichfalls symmetrisch verteilten weißen Abzeichen am Kopf, an der Brust und an den Läufen.

Dieser große Hund ist ruhig und freundlich. Er hat ein offenes Wesen und ist intelligent. Der Große Schweizer Sennenhund gilt als ausgesprochen verlässlich und sogar als aufopferungsvoll. Wachsam und mutig ist er überdies. Heute wird der Große Schweizer Sennenhund auch als Begleithund gehalten. Als Familienhund kann er sich anpassen, und zu Kindern kann er ein sehr gutes Verhältnis entwickeln. Man macht diesen Hund allerdings unglücklich, wenn man ihn in seiner Betätigung und Bewegung einzuschränken versucht. Er braucht unbedingt viel Bewegung und auch eine wirkliche Aufgabe. Von daher sollte man ihm möglichst ein größeres Grundstück bieten.

Hannoverscher Schweißhund

Dieser Hund wird etwa 60 cm groß und mindestens 30 kg schwer. Er hat einen mittelgroßen Kopf und einen kräftigen, langen Hals mit lockerer Kehlhaut. Die Brust ist tief angesetzt. Die Kruppe fällt schräg ab. Die Vorderläufe des Hannoverschen Schweißhundes sind stärker als seine Hinterläufe. Der Hund ist nicht besonders hochbeinig.

Das glänzende glatte Haarkleid bei den Hunden dieser Rasse ist vergleichsweise kurz und weich. Das Fell kann verschiedene Tönungen mit Abzeichen haben – unter anderem Graubraun, Rotbraun, Rotgelb und Dunkelgelb. Auch kann es gestromt sein.

Dieser Jagdhund ist intelligent und lässt sich gut abrichten. Er kann zudem große Anhänglichkeit und Treue zeigen. Bei der Jagd entwickelt er ausgesprochen große Ausdauer.

Viel Bewegung und eine Aufgabe sollte man dem Hannoverschen Schweißhund schon bieten. Insofern ist es gut für ihn, wenn er in Jägerhand kommt. Er fühlt sich in einer Familie wohl, da er sich gut anpassen kann. Bei der Jagd hat sich der Hannoversche Schweißhund als Rehwildjäger sehr bewährt. Wenn er einmal eine Fährte hat, gibt er nicht auf, auch wenn die Verfolgung sehr lange dauert.

Harrier

Dieser Jagdhund hat eine nicht zu verkennende Ähnlichkeit mit dem Beagle. Er wird aber größer: in der Regel bis etwa 55 cm. Der Harrier ist ein begeisterter Jäger. Dabei zeigt er sowohl Durchsetzungsvermögen als auch große Ausdauer. Er ist intelligent und lernfähig.

Hovawart

Diese schon im Mittelalter bekannten Hunde können bis zu 70 cm groß werden und ein Gewicht von etwa 40 kg erreichen. Hovawarts haben einen harmonischen, kraftvoll wirkenden Körperbau im eher länglichen Rechteckformat. Der Hovawart hat glattes oder auch leicht gewelltes, nie lockiges, etwas grobes Deckhaar.

Der Hovawart ist mutig und verlässlich, dabei von ruhigem und geduldigem Wesen. Er zeichnet sich weiter durch Intelligenz und durch Lernfähigkeit aus und kann seinem Herrchen oder Frauchen gegenüber durchaus sehr große Anhänglichkeit entwickeln. Er bewahrt sich recht lange Zeit seine jugendliche Verspieltheit. Ein Haus, vielleicht sogar ein Bauernhaus mit großem Grundstück, ist ein gutes Umfeld für den Hovawart. Viel Bewegung im Freien tut ihm gut, und schlechtes Wetter macht ihm sehr wenig aus. Er ist ein ausgezeichneter Läufer, der auch in unwegsamem Gelände sehr gut zurechtkommt. Es bietet sich bei dieser Rasse an, die Fähigkeiten der Tiere zu nutzen. Daher ist es sinnvoll, den Hovawart auf einem großen Grundstück als Wachhund einzusetzen. Erkennt er eine Gefahr, wird er das durch ausdauerndes Bellen vermelden. Er kommt gut mit Kindern und auch mit anderen Hunden zurecht.

Irish Setter

Dieser elegante Jagdhund wird in der Regel bis zu etwas über 60 cm groß. Sein Gewicht liegt bei ungefähr 20 bis 25 kg. Irish Setter haben im Vergleich zu den anderen Settern einen etwas schlankeren und wendiger wirkenden Körperbau. Lang, seidig und glatt ist das Haarkleid des Irish Setters. Längere Fransen finden sich an der Rückseite der Läufe, an der Rute, an der Kehle und an der Brust. Mahagonibraun ist die Fellfarbe dieser schönen Tiere.

Dieser Hund hat Temperament. Es wird ihm gelegentlich eine gewisse Unbändigkeit nachgesagt. Dennoch lässt sich der Irish Setter durchaus abrichten. Mit einer geduldigen Ausbildung kann man aus ihm einen Jagdhund mit ganz hervorragenden Gebrauchseigenschaften machen. Doch Temperament und ein energisches Wesen sind nicht die einzigen Eigenschaften, die diesen Setter auszeichnen. Er ist zudem sehr anhänglich und treu. Wenn man ihn als Haushund halten möchte, muss man ihm sehr viel Auslauf bieten. Sonst wird man dem Wesen des Irish Setters nicht gerecht. Mit Kindern kommt dieser Hund in der Regel sehr gut zurecht. Man sagt diesen Hunden gelegentlich nach, sie könnten gegenüber Fremden oft launenhaft sein.

Irish Terrier

Die Hunde dieser Rasse werden etwa 45 cm groß und wiegen ungefähr 11 kg. Sie wirken insgesamt schlank, aber nicht ausgesprochen leicht. Der Kopf ist von langer Form, der Hals mittellang, der Rücken ist gerade und kräftig. Die Läufe enden in runden Pfoten mit kräftigen Ballen.

Drahtig und hart und dabei nicht ausgesprochen kurz ist das Deckhaar des Irish Terriers, eher weich und kurz ist dagegen die Unterwolle. Typisch für diese Rasse sind verschiedene rotbraune, rotgelbe oder gelbliche einfarbige Töne.

TIPP

Bei der Fellpflege werden nicht nur regelmäßiges Kämmen und Bürsten, sondern auch Trimmen empfohlen.

Der Irish Terrier hat ein selbstbewusstes, stolzes Gemüt. Wer das erkennt und sich entsprechend verhält, ihm also mit Respekt und Liebe begegnet, kann sich einen sehr ergebenen vierbeinigen Freund schaffen. Diese Terrier zeichnen sich außerdem durch großen Mut und Verwegenheit und nicht zuletzt durch ihre aufmerksame Art und Wachsamkeit aus.

Wer diesen Jagdhund halten will, muss ihm sehr viel Auslauf bieten. Den Bedarf an Bewegung sollte man nicht unterschätzen. Daher bietet es sich auch an, ihn eher in einem Haus mit Grundstück zu halten. Im Umgang mit anderen Hunden gilt der Irish Terrier nicht immer als ausgesprochen freundlich. Mit Kindern soll er sich dagegen besonders gut verstehen.

Irish Wolfhound

Wer einmal einen solchen Hund gesehen hat, der vergisst ihn nicht so schnell, denn der Irish Wolfhound ist ungewöhnlich groß. Die Exemplare dieser Rasse können weit über 80 cm groß werden. Das Fell dieser vierbeinigen Riesen ist hart und rau. Besonders lang wächst es über den Augen und unter dem Kinn. Typische Farbtöne sind unter anderem Grau, Rot, Rehbraun, Weiß und auch Schwarz.

Der Irish Wolfhound ist sanft und ruhig. So schnell bringt ihn nichts aus der Fassung. Dennoch ist er keinesfalls unaufmerksam, sondern im Gegenteil sehr wachsam. Zudem ist er außerordentlich mutig.

Dass eine kleine Wohnung nicht der geeignete Ort ist, an dem man einen solchen Hund halten kann, steht außer Zweifel. Für den Irish Wolfhound ist es ausgesprochen wichtig, dass er sich ungestört bewegen kann und viel Auslauf bekommt. Mit Kindern versteht er sich in der Regel sehr gut. Man kann ihn als Familienhund halten. Es wird ihm aber gelegentlich nachgesagt, dass er eine besonders enge Bindung bevorzugt zu einem Menschen aufbaut.

Jack-Russell-Terrier

Der Jack-Russel-Terrier kann bis zu knapp unter 40 cm groß werden. Kurzbeinige Tiere bleiben in der Regel kleiner als 30 cm. Das Gewicht variiert. 8 kg kann als ein Richtwert betrachtet werden.

Die Jack-Russel-Terrier haben eine ganz charakteristische Fellzeichnung. Auf weißer Grundfarbe sind schwarze, gelbe oder lohfarbene Abzeichen zu sehen. Das Fell kann glatt und kurz oder etwas länger und rau sein.

Intelligent und temperamentvoll sind diese kleinen Jäger. Sie haben ein selbstbewusstes, fröhliches Wesen und sind oft sehr verspielt. Zudem zeichnen sie sich durch Aufmerksamkeit, Wachsamkeit und Mut aus.

Obwohl der Hund recht klein ist, darf man seinen Bewegungsdrang nicht unterschätzen.

Ein Jack-Russel-Terrier braucht sehr viel Auslauf. Mit Kindern versteht er sich sehr gut, und mit anderen Hunden gibt es in der Regel auch keine Probleme.

Japan Chin

Die Vertreter dieser alten asiatischen Hunderasse sind ausgesprochen klein. Sie erreichen eine Größe von 20 bis 25 cm. Ein Japan Chin wiegt auch nur wenig: Das Gewicht

liegt bei ungefähr 3 kg. Der gedrungene, doch graziöse Körper hat eine eher rechteckige Gestalt. Üppiges, seidiges Fell ist ein ganz typisches Merkmal des Japan Chins. Das Fell steht ein wenig ab. Besonders auffällig ist die Haarfülle am Hals. Typischerweise ist das Fell weiß mit schwarzer oder auch roter Zeichnung. Die vordere Schnauzenpartie soll weiß sein.

Dieser kleine Hund ist mit einem munteren, freundlichen und aufgeweckten Wesen ausgestattet. Er spielt gern und ist sehr anhänglich. Man sollte ihn aber nicht nur für einen verspielten Gesellen halten. Er ist auch wachsam.

Einen Japan Chin kann man gut in einer Wohnung halten. Dort kann er sehr glücklich werden, wenn man sich mit ihm ausreichend beschäftigt und er auch genügend Auslauf hat. Mit Kindern und mit anderen Hunden versteht er sich normalerweise sehr gut.

Karjalankarukoira

Dieser Karelische Bärenhund wird in der Regel bis zu 60 cm groß und erreicht ein Gewicht von etwa 25 bis 28 kg. Diese nordischen Hunde haben gerades, steifes Deckhaar. Die Unterwolle ist dagegen weich. An der Kehle, auf der Brust, im Nacken und auch an den Schenkelrückseiten sowie teilweise auf dem Rücken ist das Deckhaar etwas länger. Die typische Fellfärbung ist ein nicht zu tiefes Schwarz mit weißen Abzeichen. Der Karelische Bärenhund hat spitze Zähne und einen starken Kiefer.

Ungestüme Lebhaftigkeit ist ein Wesensmerkmal dieses Hundes. Er ist nicht gerade zurückhaltend und er lässt sich nichts gefallen. Der Karelische Bärenhund jagt auch ausgesprochen gern. All diese Eigenschaften halten ihn aber nicht davon ab, Gehorsam zu entwickeln. Seinem Herrchen oder Frauchen gegenüber ist er sehr loyal und anhänglich.

Ein Begleithund für die Stadt ist dieser nordische Hund nicht. Er braucht sehr viel Auslauf und eine Aufgabe. Man kann ihn als Wachhund einsetzen und sich so sein mutiges Wesen zunutze machen. Er kann Haus und Hof besonders gut und eindringlich verteidigen.

Kerry-Blue-Terrier

Dieser Terrier gehört nicht zu den Kleinsten. Er wird ungefähr 45 bis knapp 50 cm groß und erreicht ein Gewicht von etwa 16 kg. Er wirkt robust und kompakt, jedoch keineswegs zu schwer. Blau in allen Schattierungen ist typisch für den Kerry-Blue-Terrier.

Er hat eine üppige, seidigweiche und gewellte Haartracht.

Dem Kerry-Blue-Terrier wird eine gewisse Schärfe nachgesagt. Doch ist dies längst nicht die einzige Eigenschaft, die ihn auszeichnet. Er ist intelligent, munter und mutig. Außerdem kann er auch sehr anhänglich sein.

Eine liebevolle, konsequente Erziehung ist bei diesem Hund wichtig. Wer ihn fair behandelt, wird durch sehr angenehmes Verhalten des Vierbeiners belohnt. Der Kerry-Blue-Terrier kann sich sehr gut mit Kindern verstehen. Das Verhältnis zu anderen Hunden ist möglicherweise schon einmal etwas gespannt. Aber auch hier lässt sich nicht für jeden einzelnen Hund eine genaue Vorhersage treffen.

King-Charles-Spaniel

Dieser kleine Spaniel ist, wie die beiden Namen unschwer erahnen lassen, dem Cavalier-King-Charles-Spaniel sehr ähnlich. Der King-Charles-Spaniel ist von den beiden derjenige, der insgesamt ein wenig robuster wirkt.

Wie auch beim Cavalier-King-Charles-Spaniel gibt es mehrere typische Farben oder Farbkombinationen, nach denen sich einzelne Schläge unterscheiden lassen. Einfarbiges Rotbraun sowie ein warmer Weißton mit verschiedenen farbigen Abzeichen kommen vor. Das recht lange, dichte Fell ist seidig und leicht gewellt.

Mit einem King-Charles-Spaniel holt man sich sicher keinen Ärger ins Haus. Er ist ein sehr umgänglicher Hund, lieb, sanft und anhänglich. Aber langweilig ist er keinesfalls. Er kann sehr verspielt sein.

Der King-Charles-Spaniel gehört zu den Jagdhunden, erfreut sich aber auch als Haushund großer Beliebtheit. Aufgrund seiner vergleichsweise geringen Körpergröße kann man ihn auch in einer Stadtwohnung halten. Es ist aber eine Selbstverständlichkeit, dass er Bewegung und Auslauf bekommt. Mit anderen Hunden und mit Kindern pflegt der King-Charles-Spaniel in der Regel einen äußerst freundlichen Umgang.

Komondor

Dieser auffällige ungarische Vierbeiner ist kein kleiner Hund: Er kann etwa 80 cm groß und ungefähr 50 kg schwer werden. Wer einmal bewusst einen Komondor angeschaut hat, wird sich diesen Anblick merken. Der Komondor hat ein ganz charakteristisches Fell. Es ist ausgesprochen lang und sehr stark verzottelt und verfilzt. Bis sich das Fell voll entwickelt hat, ist der Hund drei bis vier Jahre alt. Weiß ist die Farbe des Komondors, allerdings häufig kein ganz helles Reinweiß, sondern eher ein etwas wärmer schimmernder Ton.

Mit dem Komondor ist nicht unbedingt zu spaßen. Wachsamkeit ist eine sehr dominierende Eigenschaft von ihm. Er ist meist recht distanziert. Der Komondor ist ein Hund, der seine Unabhängigkeit behält. Er wird sich ungerechte Behandlung nicht einfach gefallen lassen.

Bei fairer Behandlung aber kann er seinem Herrchen oder Frauchen gegenüber ausgesprochen anhänglich sein. Wer einen Familienhund zum Kuscheln in der Wohnung sucht, wird mit einem anderen Hund besser zurechtkommen. Das gilt insbesondere, wenn sehr muntere Kinder im Haushalt sind, denn man sagt dem Komondor keine Kinderfreundlichkeit nach.

Kromfohrländer

Dieser beliebte Hund erreicht eine Größe von bis zu etwa 46 cm. Er hat einen harmonischen Körperbau mit geradem, kräftigem Rücken. Der Fang verjüngt sich nach vorn ein wenig, läuft jedoch nicht spitz zu. Die Läufe sind im Verhältnis zum Körper sehr schlank und enden in rundlichen Pfoten.

Kurzes, gerades und raues Fell ist dem Kromfohrländer eigen. Es ist an der Brust und am Fang etwas länger. Am Kopf ist das Fell weiß mit verschieden getönten braunen Flecken; dieselben Farben wiederholen sich am Körper. Typisch ist eine Teilung der dunklen Fellflecke durch einen weißen Streifen.

Der Kromfohrländer weist eine Reihe von Eigenschaften auf, die ihn zu einem sehr angenehmen vierbeinigen Kameraden machen. Er ist temperamentvoll, aktiv und aufmerksam. Zugleich liegt Ausgeglichenheit in seinem Wesen. Intelligent und wachsam schützt er sein Umfeld.

Genügend Bewegung ist auch beim Kromfohrländer das Zauberwort – und genügend Beschäftigung ebenso. Bietet man ihm beides, dann kann man ihn in einer Wohnung halten. Als Familienhund ist er gut geeignet.

Kuvasz

Dieser ungarische Hirtenhund wird bis zu ungefähr 75 cm groß und kann über 50 kg wiegen. Er hat einen harmonischen Körperbau, der kraftvoll bis wuchtig und doch nicht unelegant wirkt. Weiß bis elfenbeinfarben soll dieser Hund sein.

Das Fell ist mittellang und sehr üppig. Es ist glatt oder auch gewellt und fühlt sich etwas grob und rau an. An den Pfoten, am Kopf und an den Ohren ist es etwas kürzer.

Der Kuvasz passt auf. Er zeigt nur selten Angst. Fremden gegenüber verhält er sich häufig zurückhaltend bis skeptisch. Er ist intelligent und anpassungsfähig.

Man kann die Anpassungsfähigkeit dieses großen Hundes nutzen und ihn als Begleithund statt als Hirtenhund halten. Aber ein Wohnungs- und Stadthund ist er nicht. Ein geräumiges Haus mit großem Garten oder ein Bauernhof – das ist ein Umfeld, in dem sich der Kuvasz wohl fühlen kann. Dort kann er sich gut als Wachhund betätigen. Viel Auslauf und viel Bewegung sind unerlässliche Bedingungen dafür, dass es ihm gut geht. Mit Kindern versteht er sich in der Regel gut, und mit anderen Hunden gibt es normalerweise auch keine Probleme.

Labrador-Retriever

Der Labrador-Retriever kann bis zu gut 60 cm groß werden und ein Gewicht von ungefähr 30 bis 35 kg erreichen. Er ist insgesamt kräftig, muskulös und harmonisch gebaut. Dicht, glatt, kurz und etwas hart ist das Haarkleid der Hunde dieser Rasse. Das Fell schützt den Hundekörper vor Wasser. Ein Labrador-Retriever hat üblicherweise einfarbiges Fell. Schwarz und helle Brauntöne sind sehr verbreitet.

Zusammenarbeit und Zusammenleben mit diesem Hund sind für den Menschen angenehm. Der Labrador-Retriever ist ausgesprochen intelligent und reaktionsschnell. Er ist sehr fleißig und fügsam. Er zeichnet sich weiter durch große Anhänglichkeit aus.

Bei der Jagd wird dieser Hund vorwiegend zum Apportieren eingesetzt. Wer sich diesen Jagdhund aber als Begleithund hält, muss ihm viel Gelegenheit zu Beschäftigung und Bewegung geben. Der Labrador-Retriever ist weder ein Stubenhocker noch ein Langweiler.

Mit Kindern versteht er sich ausgesprochen gut, und auch zu anderen Hunden hat er ein sehr gutes Verhältnis.

Lakeland-Terrier

Dieser Terrier wird bis zu etwa 40 cm groß. Dabei ist er mit einem Gewicht bis zu 8 kg noch ein Leichtgewicht. Ein Lakeland-Terrier wirkt insgesamt dynamisch und ist meist schmal gebaut. Die Unterwolle ist dicht und weich, das Deckhaar dicht und hart. Es kommen eine Reihe verschiedener Farben und Farbkombinationen vor. Eine der typischen Kombinationen ist Lohfarben mit Schwarz.

Der Lakeland-Terrier steht in dem Ruf, ein ausgesprochen scharfer Hund zu sein. Aber Schärfe ist nicht sein einziges Wesensmerkmal. Auch kann er sehr verspielt und vergnügt sowie sehr gehorsam und auch besonders anhänglich sein.

Vom Jagdhund zum Haushund, das ist die Entwicklung des Lakeland-Terriers. Aber ein Schoßhund ist er durchaus nicht geworden. Im Gegenteil, er muss besonders viel Bewegung haben. Darüber sollte man sich klar sein, wenn man ihn anschafft. Mit anderen Hunden verträgt er sich in der Regel recht gut. Sein Verhältnis zu Kindern gilt als unproblematisch.

Leonberger

Eine unbestreitbar imposante Erscheinung ist dieser Hund. Der Leonberger wird bis 80 cm groß und kann gut 60 kg wiegen. Diese Hunde haben dichtes, recht langes Deckhaar, das in der Regel anliegt, aber auch ein wenig abstehen kann.

Der Leonberger ist ein zuverlässiger, gutmütiger Hund. Er zeichnet sich durch Intelligenz, Lernfähigkeit und ein ruhiges Wesen aus. „Seiner" Familie gegenüber ist er sehr freundlich und anhänglich; er gibt sich als Beschützer. Fremden gegenüber zeigt er sich reserviert.

Lhasa Apso

Dieser kleine Vierbeiner wird in der Regel nicht größer als etwa 25 cm. Er wiegt ungefähr 5 bis 7 kg. Üppiges, recht langes Fell ist dem Lhasa Apso eigen. Die Haare sind aber nicht weich, sondern hart und gerade. Es gibt mehr als nur eine typische Fellfärbung. Recht häufig kommen vor allem löwen- und goldfarbene Tiere vor, aber auch grau getönte. Das Fell kann auch zweifarbig sein.

TIPP *Soll der Lhasa Apso gepflegt aussehen, dann heißt es, oft und gründlich zu Kamm und Bürste zu greifen.*

Anhänglichkeit zeichnet diesen Hund aus. Sie verbindet sich mit einer ruhigen, selbstbewussten Art. Zudem ist der Lhasa Apso wachsam.

Seine ruhige Art und seine geringe Größe machen den asiatischen Vierbeiner zu einem idealen Wohnungshund, der natürlich auch seinen Auslauf und seine Bewegung braucht. Man sagt ihm ein gutes Verhältnis zu anderen Hunden und Kindern nach.

Diese tibetanische Rasse ist gut 800 Jahre alt. Ob der Lhasa Apso mit dem ähnlich aussehenden Shih Tzu verwandt ist, ist umstritten. Als Vorfahren des Lhasa Apso gelten unter anderem der Tibet-Terrier und der Tibet-Spaniel. In seiner Heimat hat dieser Hund eine mystische Bedeutung.

Lundehund

Der Lundehund wird etwa zwischen 30 und 36 cm groß. Er wiegt nur 6 bis 7 kg. Sein Kopf hat einen fuchsartigen Ausdruck. Der Körper ist zierlich und wirkt dabei dynamisch und wendig. Die Gliedmaßen sind nicht besonders lang.

Das dichte, grobe Deckhaar liegt eng an. Die Unterwolle ist dicht und weich. Das Fell kann mehrere Tönungen und Farbkombinationen annehmen. Typisch sind Weiß, Grau, Braun und Schwarz.

Durch regelmäßiges Bürsten fördert man die Schönheit des Fells.

Temperamentvoll und aufmerksam und dabei sehr freundlich ist der Lundehund. Er geht besonders gern auf die Jagd.

Wer diesen Hund nicht als Jagdhund einsetzen, sondern als Haushund halten möchte, muss für Platz und Auslauf sorgen. Ein Haus mit Garten wäre gut geeignet. Andernfalls bietet es sich an, die Spaziergänge auszudehnen. Der Lundehund gilt als unproblematisch im Umgang mit Kindern und mit anderen Hunden.

Magyar Agar

Dieser ungarische Windhund ist mit in der Regel 60 bis 70 cm Schulterhöhe recht groß und hat deutliche Ähnlichkeit mit dem Greyhound. Sein Gewicht liegt zwischen 20 und etwas über 30 kg. Das Haarkleid des Magyar Agar ist kurz und glatt. Es kommen verschiedene Farben vor.

Dieser Windhund hat ein freundliches Wesen. Er ist aufmerksam und aktiv. Dass diese Hunde sehr viel Auslauf brauchen, steht außer Frage. Regelmäßiges Training und ein großes Grundstück bieten gute Voraussetzungen für ein zufriedenes Hundeleben. Er gilt als kinderfreundlich und er hat ein unproblematisches Verhältnis zu anderen Hunden.

Malinois

Zu den bekannten Belgischen Schäferhunden zählt neben dem Groenendael oder dem Laeken vor allem der Malinois. Alle sind etwa gleich groß und von schlanker Gestalt. Sie erreichen eine Höhe von etwa 70 cm und ein Gewicht von etwa 30 kg. Der Malinois ist kurzhaarig und gelb, wobei Teile des Körperfells und die Maske im Gesicht schwarz sind.

Die Belgischen Schäferhunde sind sehr lebhaft. Sie geben Acht, was um sie herum passiert. Sie sind aber nicht nur impulsiv in ihrem Verhalten. Es sind auch sehr sensible und gelegentlich etwas nervös wirkende Tiere. Sie lernen gut und sind sehr anpassungsfähig.

Ihr lebhaftes, empfindliches Wesen in Verbindung mit ihrer Lernbereitschaft gibt vor, wie sie am besten gehalten werden wollen: Sie brauchen jemanden, der ihnen mit viel Geduld und Liebe beibringt, was von ihnen verlangt wird. Ein Belgischer Schäferhund kann sich in viele Situationen einfinden, sollte aber nicht in einer kleinen Stadtwohnung ohne viel Auslauf gehalten werden. Man muss ihn vielmehr gut beschäftigen und sehr viel bewegen. Unter guten Haltungsbedingungen darf erwartet werden, dass sich dieser große Hund gut mit Kindern versteht.

Mastiff

Dieser ausgesprochen massige und sehr kräftige Hund kann eine Größe von über 80 cm erreichen. Sein Gewicht liegt üblicherweise zwischen 70 und 90 kg. Der Mastiff hat kurzes, glattes Fell. Es kommen mehrere Farbstellungen vor, unter anderem Goldgelb und Rötlich. Das Fell kann auch gestromt sein.

Dem Mastiff in seiner heutigen Form wird nachgesagt, dass er vertrauten Menschen gegenüber nicht nur sehr gutmütig und friedlich, sondern auch sehr anschmiegsam sei. Ungemütlich, angriffslustig und auch gefährlich kann er sich gegenüber Unbekannten verhalten, wenn er in Aufregung gerät. Er ist ein sehr wachsamer Hund. Man kann den Mastiff zum Wach- oder Schutzhund ausbilden. In jedem Fall braucht er viel Platz. Sein Halter sollte unbedingt für viel Beschäftigung und Bewegung sorgen. Das Verhältnis dieses Hundes zu bekannten Kindern, die er mag, gilt als unproblematisch. Der Halter eines Mastiffs sollte stets besonders geübt und verantwortungsvoll sein.

Mastino Napoletano

Der Mastino Napoletano kann über 70 cm groß werden. Sein Gewicht liegt in der Regel zwischen 50 und 70 kg. Das Fell dieses Hundes ist ausgesprochen kurz, kräftig und liegt glatt an. Grau, Schwarz und Gelb gehören neben anderen zu den verbreiteten Farben.

Dieser Hund zeichnet sich durch Selbstsicherheit aus. Er hat die Anlage zur Schärfe. Ob er sich friedfertig verhält, hängt in starkem Maße von seiner Erziehung ab.

Neben sehr viel Platz und sehr viel Bewegung sind beim Mastino Napoletano Erziehung und Haltung von allergrößter Bedeutung. Es ist wichtig, liebevoll, aber energisch, freundliches Verhalten seinerseits zu fördern. Er gilt als „Ein-Mann-Hund" und ist kein Tier für jemanden, der sich mit Hunden nicht auskennt. Er gehört unbedingt in die Hände eines erfahrenen Halters. Dann kann ein gutes Verhältnis zwischen Herr und Hund entstehen.

Man kann diesen Hund sehr gut zum Wach- und Schutzhund ausbilden lassen. Im Umgang zu Kindern ist Vorsicht anzuraten. Anderen Hunden gegenüber tritt der Mastino Napoletano recht dominant auf.

Mops

Ein Mops wird über 30 cm groß und erreicht ein Gewicht von 7 bis 8 kg. Dieser bekannte Vierbeiner hat eine untersetzte, kräftige Gestalt. Dem Mops – wie auch anderen extrem kurzkopfigen Rassen, also zum Beispiel dem Pekinesen und den Bulldoggen – werden teilweise zuchtbedingte Atem- und Schluckbeschwerden nachgesagt.

Die kurzen, dichten Haare sind recht weich. Beliebte Farben sind unter anderem Silbergrau, Aprikosenfarben und Weißgelb, dazu können Abzeichen kommen. Rassetypisch ist eine schwarze Maske.

Das kurze Fell ist in der Pflege ausgesprochen unproblematisch. Gelegentliches Bürsten und Abreiben mit einem feuchten Tuch reichen aus.

Eine Reihe von angenehmen Eigenschaften haben den Mops zu einem beliebten Begleithund gemacht. Er gilt unter anderem als empfindsam, aufgeweckt und munter. Zudem ist er anhänglich und verspielt. Man kann den Mops durchaus in der Wohnung halten. Natürlich braucht auch er viel Beschäftigung, und auch an Auslauf darf es ihm nicht mangeln. Er gilt als kinderfreundlich und als relativ unkompliziert im Umgang mit seinen Artgenossen.

Münsterländer

Der Große Münsterländer kann über 60 cm groß werden, der Kleine Münsterländer erreicht eine Größe bis zu 56 cm. Beide Rassen zeichnen sich durch einen harmonischen Körperbau aus. Sie haben starke Ähnlichkeit miteinander. Der Große Münsterländer ist weiß mit schwarzen Platten oder Tupfen oder Platten und Tupfen. Er kann auch ein Schwarzschimmel sein. Der Kleine Münsterländer ist weiß mit braunen Platten oder Tupfen oder beidem. Auch Braunschimmel kommen vor. Bei beiden Rassen ist das Fell mittellang und fest.

INFO

Münsterländer sind aufmerksame, fügsame und wachsame Hunde. Sie zeichnen sich durch Intelligenz und Lernfähigkeit aus. Als Jagdhunde entwickeln sie große Leidenschaft.

Bei der Jagd werden die Münsterländer Vorstehhunde, wie der Name sagt, gerne als Vorstehhunde eingesetzt. Aber sie können auch andere Jagdaufgaben übernehmen, beispielsweise Stöbern und Apportieren. Wer sich einen Kleinen oder Großen Münsterländer als Haushund hält, muss unbedingt dafür sorgen, dass der Hund sehr viel Bewegung und Beschäftigung hat. Ein Haus mit Gartengrundstück bietet gute Rahmenbedingungen. Was den Auslauf angeht, so müssen es nicht immer nur Spaziergänge sein. Man kann den Münsterländer – wie so manchen anderen lauffreudigen Hund auch – zum Wandern mitnehmen oder ihn auch einmal ein gutes Stück in angemessenem Tempo neben dem Fahrrad herlaufen lassen.

Neufundländer

Dieser Hund ist eine imposante Erscheinung. Der Neufundländer kann eine Größe von über 70 cm erreichen und an die 70 kg wiegen. Er hat einen kräftigen, sehr soliden Körperbau, wirkt aber keineswegs schwerfällig. Dichtes, langes und kräftiges Deckhaar überlagert die weiche und wasserabstoßende Unterwolle. Der Neufundländer ist kein ausgesprochen bunter Hund: Typische Farben sind Schwarz, Braun und Weiß. Abzeichen können vorkommen und sind erlaubt.

Eine Reihe sehr angenehmer Eigenschaften schreibt man diesem Hund zu. Er gilt als ausgesprochen treu, friedlich und gutmütig. Man kann ihn gut erziehen und ihm vieles beibringen.

Dass ein solch großer Hund nicht für eine kleine Wohnung geschaffen ist, versteht sich von selbst.

Ein Haus mit Garten sollte man ihm schon bieten. Der Neufundländer liebt das Wasser. Man macht ihm mit langen Spaziergängen, die auch den einen oder anderen Ausflug ins kühle Nass beinhalten, eine große Freude. Zu Kindern kann der Neufundländer ein gutes Verhältnis entwickeln.

Norwegischer Buhund

Der Norwegische Buhund erreicht ein Gewicht von ungefähr 20 kg. Sein Körperbau wirkt dynamisch und leicht, doch keinesfalls übermäßig zierlich. Der Kopf zeigt klar die Zugehörigkeit des Norwegischen Buhundes zu den nordischen spitzartigen Hunden.

Rau und mittellang ist das Deckhaar, weich ist die Unterwolle. Man hat den Norwegischen Buhund gern einfarbig, jedoch kommen auch Abzeichen vor.

Soll dieses Tier gepflegt aussehen, heißt es, regelmäßig zu Kamm und Bürste zu greifen.

Angst scheint er kaum zu kennen. Er ist ausgesprochen mutig und wachsam und kann große Anhänglichkeit entwickeln. Viel Auslauf und viel Platz sind für den Norwegischen Buhund sehr wichtig. Als Familienhund ist er gut geeignet, da er zu Kindern ein sehr gutes Verhältnis entwickeln kann. Mit anderen Hunden versteht er sich aber nicht immer gut.

Norwich-Terrier

Dieser Terrier erreicht eine Größe von ungefähr 25 cm und ein Gewicht von 4 bis 5 kg. Er hat einen recht kurzen Körper mit geradem Rücken und kurze Gliedmaßen. Der Kopf ist im Verhältnis zum Körper nicht klein und leicht rundlich geformt mit auseinander stehenden Ohren.

Das Deckhaar ist rau über dichter, weicher Unterwolle. Am Hals hat der Norwich-Terrier deutlich längeres Haar, ebenso an den Schultern. Es kommen mehrere Farben vor, unter anderem Weizenfarben, Rot und Schwarz. Das Fell kann auch meliert sein.

Spontaneität zeichnet die Hunde dieser Rasse aus. Sie sind sehr munter und entwickeln große Anhänglichkeit ihrem Herrchen oder Frauchen gegenüber. Zudem sind sie wachsam.

Wer einen solchen Terrier in einer Wohnung hält, sollte wissen, dass der Hund trotz seiner geringen Größe viel Auslauf braucht. Die Spaziergänge dürfen nicht zu kurz ausfallen. Der Norwich-Terrier gilt als kinderlieber Hund, der sich auch mit seinen Artgenossen gut versteht.

Pastore Bergamasco

Dieser urwüchsige und gut proportionierte Hirtenhund wird bis zu etwa 60 cm groß. Dabei ist er kein Leichtgewicht. Um die 30 bis 35 kg bringt er auf die Waage.

Der Bergamasker Hirtenhund ist sozusagen über und über mit reichlich Fell ausgestattet. Die Haare sind lang, struppig und teilweise auch wellig.

Sie bilden an manchen Stellen zottige Büschel, zum Beispiel an den Beinen. Üblich ist bei den Farben eine große Bandbreite an Grautönen, zum Teil mit und zum Teil auch ohne Schattierungen.

Ein schlauer Bursche ist dieser Hirtenhund – er vereinigt Intelligenz und Nachgiebigkeit. Er ist außerdem mutig und lebhaft und fühlt sich in Gesellschaft wohl.

Der Bergamasker Hirtenhund ist alles andere als ein Wohnungshund. Sein Fell zeigt, was er ist: wetterfest. Das macht die ölige Unterwolle. Wenn man mit ihm in der Stadt wohnt, heißt es vor allem: Raus in die Natur!

Pekinese

Mit 15 bis 25 cm Körpergröße ist der Pekinese ein kleiner Hund. Er wiegt ungefähr 5 kg. Sein Kopf ist ganz besonders kurz geformt. Der Rücken verjüngt sich nach hinten. Die Gliedmaßen sind kurz und enden in flachen Pfoten.

Der Pekinese hat üppig wachsendes, recht langes Haar. Besonders reich wächst das Haar am Hals und an der Rute. Es sind alle Farben zulässig. Bei einfarbigen Tieren gilt eine Maske als sehr erwünscht. Recht typisch sind dreifarbige Hunde. Wer regelmäßig zu Kamm und Bürste greift, hält das Fell in gepflegtem Zustand.

Dieser kleine Hund ist genauso treu wie liebebedürftig. Er ist zudem klug und empfindsam. Eine weitere positive Eigenschaft ist seine Wachsamkeit.

Den Pekinesen kann man gut in der Wohnung halten. Er braucht selbstverständlich regelmäßigen Auslauf, zeichnet sich aber nicht durch einen ausgesprochen starken Bewegungsdrang aus. Man sagt ihm ein recht gutes Verhältnis zu Kindern und auch zu anderen Hunden nach.

Phalène

Diese Hunde sind ausgesprochen klein. Sie erreichen eine Größe von ungefähr 20 cm und wiegen zwischen 1,5 und 5 kg. Ihr Körper ist nicht allzu zierlich, sondern robust und insgesamt harmonisch gebaut. Der Kopf hat einen kurzen, spitz zulaufenden Fang. Ein Phalène soll nicht hochbeinig erscheinen. Die Pfoten sind schmal und lang.

Der Phalène hat kräftiges, mittellanges Haar. Es glänzt und ist gewellt. Am Hals und an der Rute ist es lang, am Körper mittellang. Die typische Fellfärbung ist eine weiße Grundfarbe mit anderen Farben. Ein überwiegend weißer Kopf gilt als fehlerhaft.

Dieser kleine Hund ist ausgesprochen energiegeladen und fröhlich. Er ist sehr verspielt und lässt sich leicht erziehen. Er ist aber auch sehr empfindsam. Zank und Krach oder grobes Verhalten machen ihn unglücklich. Zu „seinen" Menschen entwickelt der Phalène ein sehr enges Verhältnis.

Pharao-Hound

Der Pharao-Hound wird 65 bis 70 cm groß und kann ein Gewicht von 20 kg erreichen. Er hat einen fast quadratischen Körperbau und ist von sehr schlanker Gestalt. Der Kopf ist vergleichsweise flach mit sich verjüngendem Fang. Der Hals ist lang. Der Pharao-Hound besitzt lange Läufe.

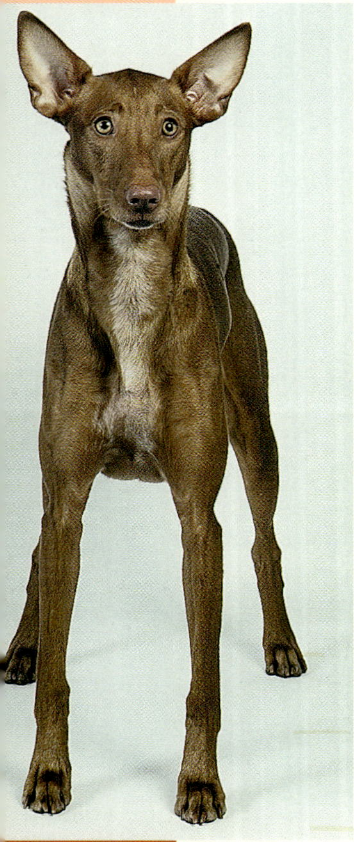

Das Fell dieses Hundes ist kurz, glatt und glänzend. Typisch sind Farbkombinationen verschiedener Rottöne mit Weiß sowie auch einfarbig Rot.

Die Fellpflege beim Pharao-Hound ist mit nur geringem Aufwand verbunden.

Die Hunde dieser Rasse gelten als unabhängig bis eigenwillig und freundlich. Sie sind leidenschaftliche Jäger.

Wer diesen Hund nicht als Jagdhund einsetzt, muss ihm eine möglichst gleichwertige Ersatzbeschäftigung, vor allem viel Auslauf, bieten. Dann kann er sogar in einer nicht zu kleinen Wohnung gehalten werden. Der Pharao-Hound hat weder zu Artgenossen noch zu Kindern ein besonders problematisches Verhältnis.

Pointer

Pointer können gut über 60 cm groß werden und ein Gewicht von ungefähr 20 bis 25 kg erreichen. Ihr Körper hat ein leicht gestreckt wirkendes Rechteckformat. Die Tiere sehen dynamisch und kraftvoll aus. Das Fell des Pointers ist kurz und glänzend. Mehrere Farbstellungen kommen einfarbig oder in Kombination vor.

Der Pointer ist ein temperamentvoller, leidenschaftlicher und ausdauernder Jäger. Er hat ein intelligentes, lernfreudiges Wesen. Der Pointer ist kein Hund für die Stadt. Er ist als Haus- und Familienhund grundsätzlich nicht ungeeignet, da man ihm Kinderfreundlichkeit nachsagt. Bei sensibler Führung entwickelt er sogar Anhänglichkeit.

Pudel

Die bekannten und beliebten Pudel gibt es in mehreren Größen. Man unterscheidet zwischen Groß-, Mittel- und

Zwergpudel. Sehr kleine Formen sind deutlich kleiner als 30 cm, große Arten werden mehr als 60 cm groß. Das Gewicht variiert je nach Größe. Es kann zwischen etwa 4 und 30 kg liegen.

Das Haarkleid des Pudels ist üppig. Es hat einen wolligen Griff und kann bei geschorenen Tieren Locken bilden. Als traditionell rassetypisch gelten Schwarz, Weiß, Silber, Kastanienbraun und Aprikosenfarben.

Der Pudel ist ein temperamentvoller, aktiver Hund, der über Intelligenz und ein gutes Lernvermögen verfügt. Überdies kann er sich ausgesprochen anhänglich zeigen.

Der Pudel hat sich schon seit einiger Zeit zu einem typischen Begleit- und Familienhund entwickelt. Je nach Größe ist es mehr oder weniger günstig, ihn in einer Wohnung zu halten – wobei ihm stets genügend Auslauf und Beschäftigung geboten werden müssen. Der Pudel hat ein gutes Verhältnis zu Kindern.

Puli

Dieser Hund mit der ungewöhnlichen Haartracht wird bis zu 45 cm groß und zwischen 10 und 15 kg schwer. Das Fell des Pulis kann bis zum Boden reichen. Es ist zottig und je nach Mischungsverhältnis von Deckhaaren und Unterhaaren unterschiedlich beschaffen. Erwünscht ist eine Verfilzung zu langen Streifen.

Ein Langweiler ist der Puli nicht, ganz im Gegenteil: Er ist temperamentvoll, aktiv und eifrig. Er gilt als ein Hund, der sich seine Unabhängigkeit bewahrt. In einem Haus mit Gartengrundstück wird sich der Puli wohler fühlen als in einer Stadtwohnung. Dieser Hund gilt als kinderfreundlich.

Pyrenäenhund

Dieser Hund kann bis zu 80 cm groß werden und dabei stolze 50 kg und deutlich mehr erreichen. Der Pyrenäenhund ist eine imposante Erscheinung mit einem kräftigen, leicht gestreckten Körper und nicht zu kräftigem Kopf.

Einfarbig Weiß oder auch Weiß mit recht hellen Flecken sind die typischen Fellfärbungen des Pyrenäenhundes. Das fast glatte Fell ist mittellang und dicht, am Hals und an der Rute ist es länger.

Wer den Pyrenäenhund regelmäßig kämmt und bürstet, hat Freude an seinem Fell. Dieser große, kräftige Hund gilt als ausgeglichen und tendenziell unabhängig. Er ist geduldig und aufmerksam. Wachsamkeit zeichnet ihn außerdem aus. Eine kleine Stadtwohnung ist keine geeignete Umgebung für den Pyrenäenhund. Man tut gut daran, ihm Platz und eine Aufgabe zu geben. Sein ruhiges Temperament ist eine gute Voraussetzung für den guten Umgang mit Kindern.

Im Laufe der Geschichte hat der Pyrenäenhund als Hirten- und Hütehund, als Wach- und Begleithund gedient. Als Vorfahren gelten asiatische Doggen.

Rhodesian Ridgeback

Dieser kräftig wirkende Hund erreicht eine Größe von knapp 70 cm und wiegt ungefähr 30 bis 40 kg. Kurzes, glänzendes Glatthaar ist dem Rhodesian Ridgeback eigen. Es hat helle gelbe bis rotbraune Färbungen. Ganz typisch ist eine Art längliche, dünne Bürste aus gesträubten Rückenhaaren.

Der Rhodesian Ridgeback ist ein temperamentvoller Hund. Er hat ein sehr mutiges Wesen und verfügt über große Widerstandskraft. Dieser Hund wird in seiner Heimat als Jagdhund eingesetzt. Man sagt ihm aber auch eine gute Eignung als Wach-,Schutz- und als Haushund nach. Man kommt seiner Veranlagung eher entgegen, wenn man ihm ein Haus mit Gartengrundstück bieten kann. Weder sein Verhältnis zu Kindern noch sein Verhältnis zu anderen Hunden gilt als grundsätzlich problematisch.

Rottweiler

Dieser Hund, der zunehmend als Begleithund beliebt geworden ist, kann bis zu knapp 70 cm groß werden und etwa 40 bis 60 kg wiegen. Der Rottweiler ist ein massiger, kraftvoller Hund. Recht eng anliegend, fest und kurz ist das Fell des Rottweilers. Die Grundfarbe ist Schwarz. Darauf sind Abzeichen in brauner Farbe zu sehen.

Der Rottweiler ist intelligent, mutig, widerstandsfähig und zeichnet sich daneben auch durch besondere Anhänglichkeit „seiner" Familie gegenüber aus. Er zeigt ein ausgeprägtes Schutzverhalten.

Der Rottweiler kann als vielseitiger Gebrauchshund eingesetzt werden. Wenn man ihn als Begleithund hält, wird er sich in einem geräumigen Haus mit Gartengrundstück viel wohler fühlen als in einer Wohnung. Im Allgemeinen ist sein Verhältnis zu Kindern unproblematisch. Bewegung, sinnvolle Beschäftigung und vor allem eine gerechte und konsequente Erziehung und Haltung sind wichtig, damit Hund und Halter sich wohl fühlen.

Saluki

Diese schnellen Hunde können knapp über 70 cm groß werden. Ihr Gewicht liegt bei etwa 20 kg. Der Bauch weist typischerweise eine eingezogene Form auf. Der Saluki hat lange, gerade Gliedmaßen. Das glatte, weiche Fell glänzt. An einigen Stellen, unter anderem am Rücken, kann längeres Haar wachsen, das sich seidig bis wollig anfühlt. Das Haarkleid des Salukis kann verschiedene Farben und Farbkombinationen haben, unter anderem Beige, eine goldene oder eine rötliche Tönung. Es sollte gelegentlich gekämmt werden.

Dieser Hund ist selbstständig und ordnet sich nicht gerne unter. Er hat ein recht sanftes Gemüt und pflegt eine gewisse Zurückhaltung gegenüber Fremden.

Eine sensible Erziehung und Haltung ist wichtig. Man kann diesen Hund in einer nicht zu kleinen Wohnung halten. Es ist aber ganz entscheidend, dass er sehr viel Auslauf hat. Man sagt ihm weder zu seinen Artgenossen noch zu Kindern ein problematisches Verhältnis nach.

Samojede

Dieser nordische Hund kann bis zu 56 cm groß werden und wiegt zwischen 20 bis 30 kg. Der Samojede ist von kräftiger Statur mit geraden Gliedmaßen und kräftigem Kopf.

Weiß, Bisquit sowie Beige sind typische Samojede-Farben. Das Haarkleid ist voll, gerade und recht hart über kurzer, weicher Unterwolle.

Regelmäßiges und gründliches Kämmen und Bürsten fördern ein gepflegtes Aussehen dieses Hundes.

Munterkeit und ein freundliches und anhängliches Wesen zeichnen den Samojeden aus. Er kann sehr großen Arbeitseifer und große Ausdauer entwickeln. Traditionell ist dieser Hund ein Schlittenhund. Wer ihn als Begleithund hält, muss dafür sorgen, dass das Tier sehr viel Bewegung bekommt. Der Samojede gilt als kinderfreundlich und dürfte sich auch durch seine Anhänglichkeit als Familienhund gut eignen.

Die Samojeden sollen zu den ältesten Schlittenhundrassen gehören. Ihren Namen haben sie von einem Volksstamm, der ursprünglich in Westsibirien beheimatet war.

Schipperke

Der Schipperke wird bis zu 30 cm hoch und bis zu etwa 8 kg schwer. Pechschwarz ist dieser Hund. Er wird in keiner anderen Farbe gezüchtet.

Sein Fell ist dicht, hart und kurz. Langes oder seidiges Haar wird als Zuchtfehler angesehen. Am Hals kann die Behaarung etwas dichter sein als am übrigen Körper.

Dem Schipperke wird Robustheit nachgesagt. Aber auch er muss gepflegt werden. Gelegentliches Bürsten fördert den guten Zustand des Fells.

An allen Geschehnissen in seiner Umgebung möchte der Schipperke teilhaben. Er ist neugierig, bellt häufig und ist sehr munter. Gegenüber „seinen" Menschen ist er anhänglich. Er ist wachsam und kann gegenüber Fremden Misstrauen zeigen. Mutig ist der Schipperke ebenfalls. Er jagt Ratten, Mäuse und Wildkaninchen und greift Feinde unbeirrt an. In seiner belgischen Heimat genießt der Schipperke große Beliebtheit als Haushund. Bei einer Familie fühlt er sich wohl, denn er mag Kinder. Er kann in der Stadt gehalten werden, wenn man ihm viel Auslauf gewährt.

Schnauzer

Schnauzer gibt es in verschiedenen Größen. Man unterscheidet Riesenschnauzer, Mittelschnauzer und Zwergschnauzer. Die verschiedenen Größen bewegen sich zwischen 30 bis 70 cm. Das Gewicht variiert mit der Größe; es liegt zwischen ungefähr 5 und 35 kg. Die verschiedenen Schnauzer weisen viele gemeinsame Merkmale auf. Schnauzerfell ist rau und schützt vor Witterungseinflüssen. Es ist mittellang und liegt nicht allzu eng am Körper an. Zu den typischen Fellfarben gehören Schwarz und Pfeffer und Salz.

Schnauzer sind wachsam. Man sagt ihnen eine gewisse Kühnheit und Stolz nach. Sie gelten aber auch als verspielt und gutmütig.

Schnauzer sind seit einiger Zeit zu beliebten Familienhunden geworden. Eine Umgebung mit vielen Kindern genießen sie. Nicht nur große Schnauzer, sondern auch die kleineren sind recht lebhaft und brauchen viel Bewegung. Ohne Bewegung und ausreichend Auslauf wird kein Schnauzer glücklich. Mit etwas fachlicher Anleitung kann man sehr von den Fähigkeiten des Schnauzers als Wachhund profitieren.

Scottish Terrier

Diese bekannten Terrier erreichen eine Größe von ungefähr 25 bis 28 cm und wiegen zwischen 8 und 10 kg. Scottish Terrier haben einen recht kräftigen Rumpf und einen relativ großen Kopf. Dichte, weiche Unterwolle wird von glattem, recht hartem und nicht zu kurzem Deckhaar überlagert. Ganz typisch für den Scottish Terrier sind schwarzes oder weizenfarbiges Fell oder andersfarbig gestromte Töne.

Viele angenehme Eigenschaften haben die Scottish Terrier zu beliebten Haushunden werden lassen. Die Tiere gelten als intelligent, unabhängig, mutig und Herrchen oder Frauchen gegenüber als sehr treu. Fremden gegenüber sind sie häufig distanziert. Fühlen sie sich in Gefahr, können sie unfreundlich werden.

Eine Wohnung kann durchaus der geeignete Ort sein, um einen solchen Terrier zu halten, wenn man ihm genügend Bewegung und Auslauf zukommen lässt. Gerade bei Terriern trifft nämlich die verbreitete Vorstellung, kleine Hunde kämen mit sehr wenig Auslauf aus, nicht zu. Kinder, die mit dem Scottish Terrier nicht zu grob und unruhig umgehen, werden sich in der Regel gut mit ihm verstehen. Auch das Verhältnis dieses Terriers zu seinen Artgenossen gilt als unproblematisch.

Shar Pei

Dieser Hund wird zwischen 40 und 50 cm groß und wiegt etwa 15 bis 20 kg. Ganz charakteristisch – und in dieser extremen Form wohl nur bei Hunden dieser Rasse vorhanden – ist ihre in lockeren dicken Wülsten liegende Haut. Tierschützer halten die extrem lockere Haut für problematisch. Die Behaarung beim Shar Pei ist kurz und vergleichsweise hart. Typischerweise ist das Fell sandfarben, rehbraun, dunkelbraun oder auch schwarz.

Es ist ausgesprochen wichtig, dass man die vielen Fellfalten regelmäßig und gründlich auf mögliche Entzündungen und Ungeziefer untersucht – und wenn man fündig wird, dem Hund sofort fachmännische Behandlung zukommen lässt.

Der Shar Pei gilt als Vierbeiner mit angenehmen Wesenszügen. Er ist sanft, treu, lieb, liebebedürftig und ruhig, kann aber auch sehr verspielt sein.

Aufgrund seiner Kinderfreundlichkeit ist der Shar Pei als Familienhund geeignet. Man sollte ihm einen Garten bieten.

Sheltie

Bis zu 37 cm groß können diese Hunde werden und dabei ein Gewicht von bis zu 8 kg erreichen. Shelties sehen in fast allen Merkmalen auf den ersten Blick aus wie Miniaturausgaben der Schottischen Schäferhunde. Der Kopf ist lang und spitz, die Läufe sind gerade.

Das Deckhaar ist lang und glatt, die Unterwolle weich und dicht. Der Sheltie kann einfarbiges, zweifarbiges oder dreifarbiges Fell haben. Eine typische Dreifarbenkombination ist Weiß mit Schwarz und Braun.

Regelmäßiges und gründliches Kämmen und Bürsten sind zu empfehlen.

Ein lebhaftes und intelligentes Wesen sagt man dem Sheltie nach. Er gilt als genügsam. Seinem Herrchen oder Frauchen gegenüber kann er große Anhänglichkeit entwickeln, zu Fremden wird er sich dagegen eher distanziert verhalten.

Der Sheltie ist ein Hirtenhund. Wenn man ihn als Haushund hält, muss man ihm sehr viel Auslauf ermöglichen, damit er sich austoben kann. Er gilt als kinderfreundlich und unproblematisch im Umgang mit seinen Artgenossen.

Shih Tzu

Dieser asiatische Hund ist mit einer Größe von maximal 27 cm nicht groß. Er erreicht ein Gewicht bis zu 8 kg und hat einen länglichen, durchaus kräftigen Rumpf. Die Gliedmaßen sind recht kurz und starkknochig. Der Kopf des Shih Tzus ist breit und rund geformt. Insgesamt ist eine gewisse Ähnlichkeit mit dem Lhasa Apso auf den ersten Blick nicht zu leugnen.

Die reiche Behaarung dieses Hundes fällt gleich ins Auge. Die Unterwolle ist kurz und dicht, das Deckhaar lang und dicht, ohne sich zu locken. Besonders üppig ist die Behaarung an der Rute. Es können alle Fellfarben vorkommen. Eine weiße Blesse sowie eine weiße Rutenspitze sind besonders beliebt.

Der Shih Tzu ist ein lebhafter, aufmerksamer Hund, der ein enges Verhältnis zu seinem Herrchen oder Frauchen entwickelt. Er zeichnet sich weiterhin durch Wachsamkeit aus.

Dieser Hund eignet sich sehr gut für die Wohnungshaltung. Er ist kinderfreundlich und freundet sich auch mit anderen Haustieren an.

Siberian Husky

Diese nordischen Hunde erreichen eine Größe von 60 cm und wiegen zwischen 15 und 25 kg. Das gerade Deckhaar ist weich und fein. Es können Weiß, Schwarz und alle Zwischentöne sowie Sandfarben, auch mit Abzeichen verschiedener Art, vorkommen.

Der Siberian Husky ist ein selbstständiger, eigenwilliger, doch menschenfreundlicher Hund, der sehr gerne arbeitet und als Schlittenhund ausgesprochen temperamentvoll ist. Wer einen Siberian Husky nicht zur Arbeit einsetzt, muss ihm sehr viel anderweitige Bewegung und Beschäftigung verschaffen. Er gilt als anpassungsfähig und recht unproblematisch im Umgang mit Kindern.

Teckel

Teckel, Dackel oder Dachshund, das sind gebräuchliche Bezeichnungen für einen sehr bekannten kurzbeinigen Hund, den es in mehreren Varietäten gibt. Im allgemeinen Sprachgebrauch ist meist vom Dackel die Rede. Man kann die Varietäten des Teckels nach der Größe und nach der Fellbeschaffenheit abgrenzen. Bei der Größe wird nicht nur nach der Schulter- oder Widerristhöhe, sondern auch nach dem Brustumfang unterschieden. Es gibt Normal-, Zwerg- und Kaninchenteckel, und es gibt Teckel mit kurzem, langem oder rauem Haar.

Die verschiedenen Teckel sind vor dem Hintergrund entstanden, dass man für bestimmte Aufgaben bei der Jagd spezielle Hunde einsetzen wollte. Die Jagd ist nämlich der Einsatzbereich, für den der Teckel gezüchtet wurde – auch wenn er, nicht zuletzt bedingt durch sein angenehmes Wesen, heute ein sehr beliebter Begleithund geworden ist. So mancher, der einen Teckel auf der Straße sieht, weiß vielleicht nicht, dass der kleine Vierbeiner bei guter Ausbildung ein geschickter Jäger ist.

Bei der Jagd ist der Teckel als Erdhund recht vielseitig einsetzbar, unter anderem als Stöberhund und im Bau. Der Kaninchenteckel wurde beispielsweise gezüchtet, um in den Kaninchenbau zu schlüpfen.

Es gibt Skelettfunde, die darauf hinweisen, dass es teckelähnliche Hunde schon in der Antike gegeben hat. Die Teckelformen, die wir heute kennen, gehen wohl auf alte Brackenformen zurück. Der kurzhaarige Teckel, der als die älteste Teckelform gilt, hat recht große Ähnlichkeit mit der Dachsbracke. Durch Einkreuzung anderer Rassen sind die Varietäten entstanden. So gehört zu den Vorfahren des Rauhaarteckels auch der Dandie-Dinmont-Terrier, und unter den Vorfahren des Langhaarteckels finden sich langhaarige Stöberhunde.

Tibet-Terrier

Dieser asiatische Hund wird bis zu 40 cm groß und kann ein Gewicht von ungefähr 15 kg erreichen. Er hat einen insgesamt recht kompakten Körperbau. Das wuschelige Aussehen dieses Hundes prägt sich schon bei der ersten Begegnung gut ein. Er hat langes, glattes oder auch gewelltes Deckhaar, das sich recht weich anfühlt. Die Unterwolle ist ebenfalls weich und dazu wollig. Es können mehrere Farben vorkommen, unter anderem Weiß, Schwarz, Silber- und Goldtöne. Sowohl Ein- als auch Mehrfarbigkeit kommen vor.

Der Tibet-Terrier gilt als intelligent und selbstsicher. Er kann große Anhänglichkeit gegenüber seinem Herrchen oder Frauchen entwickeln, Fremden gegenüber jedoch durchaus reserviert sein. Er ist aufmerksam und wachsam.

Ein Haus mit Gartengrundstück wird dem Tibet-Terrier wohl grundsätzlich mehr entsprechen als eine kleine Wohnung, da er viel Auslauf braucht. Man sagt ihm gute Eignung als Familienhund nach, da seine Anhänglichkeit sich nicht auf einen Menschen beschränken muss. Im Umgang mit Kindern ist – wie bei vielen anderen Rassen – frühzeitige Gewöhnung von großem Vorteil.

Weimaraner

Dieser Hund kann bis zu 70 cm groß werden. Sein Gewicht variiert je nach Größe; bis zu 30 kg kann er wiegen. Traditionell bekannter ist der kurzhaarige Schlag. Bei ihm ist das Deckhaar kurz, es kann fein oder kräftiger, auch stockhaarig sein. Aber es gibt auch den langhaarigen Schlag mit etwa gut 3 cm langem Deckhaar, das an einigen Stellen wie beispielsweise an der Brust noch länger ist. Typische Fellfarben des Weimaraners sind Grautöne, die zu verschiedenen Farben tendieren können, unter anderem zu einem bräunlich-roten Grau.

Fleißig und ausdauernd ist dieser Hund bei der Arbeit. Dort kann er durchaus Schärfe entwickeln. Weiter zeichnet er sich durch ein ruhiges Wesen und durch Fügsamkeit aus.

Bei der Jagd wird der Weimaraner typischerweise als Vorstehhund eingesetzt. Wer ihn als Haushund hält, muss unbedingt dafür sorgen, dass das Tier sehr viel Auslauf und Bewegung bekommt. Insofern bietet sich die Haltung in einer kleineren Wohnung nicht an. Weder im Umgang mit seinen Artgenossen noch mit Kindern sagt man diesem Hund ein besonders problematisches Verhalten nach.

Welsh Corgi

Diese Schäferhunde mit kurzen Beinen gibt es in zwei verschiedenen Schlägen: als Welsh Corgi Cardigan und als Welsh Corgi Pembroke. Der Welsh Corgi Cardigan wird etwa 30 cm groß und wiegt bis zu 12 kg. Der Welsh Corgi Pembroke kann mit 25 bis 30 cm etwas kleiner ausfallen und wiegt dann entsprechend weniger – etwa 8 bis 12 kg. Der Welsh Corgi Cardigan hat kurzes oder etwas längeres hartes Stockhaar in ganz unterschiedlichen Farben. Der Welsh Corgi Pembroke zeichnet sich dagegen durch mittellanges, nicht zu hartes Fell aus.

Diese kleinen Hunde passen auf. Ihnen entgeht so schnell nichts. Sie sind lernfreudig und intelligent und fügen sich gut ein.

Der Welsh Corgi kann durchaus in einer Stadtwohnung gehalten werden – viel Bewegung und Auslauf vorausgesetzt. Man sagt den Tieren ein gutes Verhältnis zu Kindern nach. Daher und auch aufgrund ihrer Anpassungsfähigkeit eignen sie sich gut für eine Familie.

West-Highland-White-Terrier

Die kleinen Terrier erreichen eine Größe von etwa 28 cm und wiegen zirka 7 bis 10 kg. Weiß ist die Farbe der West-Highland-Terrier. Das Deckhaar ist vergleichsweise lang, dabei hart und schlicht. Die weiche, dichte Unterwolle liegt eng an.

Die Pflege dieses Haarkleids ist mit ein wenig Aufwand verbunden. Regelmäßiges Kämmen und Bürsten sollten gewissenhaft erledigt werden; zudem wird regelmäßiges Trimmen empfohlen.

Dieser kleine Vierbeiner ist alles andere als ein Langweiler. Er gilt als ausgelassen, verspielt und vorwitzig; aber er lässt sich auch gut erziehen und ist anhänglich und treu.

Man kann den West-Highland-Terrier gut in einer Wohnung halten, wenn man ihm zum Ausgleich viel Auslauf ermöglicht. Er muss herumtollen dürfen. Er gilt als nicht problematisch im Umgang mit seinen Artgenossen und auch mit Kindern.

Yorkshireterrier

Diese Hunde werden nicht sehr groß. Yorkshireterrier messen ungefähr 20 cm und wiegen dementsprechend sehr wenig. Ihr Gewicht liegt zwischen 1,5 und 2 kg. Der Kopf des Yorkshireterriers ist zierlich geformt mit breitem Fang. Der Körper hat ein kompaktes Rechteckformat, die kurzen Gliedmaßen sind gerade und enden in rundlich geformten Pfoten.

Das seidige, lange Glatthaar glänzt und hat oft auf der Rückenmitte einen Scheitel. Die typische Fellfärbung setzt sich aus Stahlblau und Lohfarben zusammen, wobei die lohfarbenen Haare an den Spitzen heller sind.

Dieser kleine Terrier ist ausgesprochen lebhaft und gesellig. Er spielt gerne und zeichnet sich durch seine Freundlichkeit und Anhänglichkeit aus. Zudem ist der Yorkshireterrier wachsam und zeigt Mut.

Man kann den Yorkshireterrier sehr gut auch in einer kleineren Wohnung halten. Es ist aber ganz wichtig, dass er sich täglich austoben kann, denn ein reiner Schoßhund ist er gewiss nicht; dazu ist er in aller Regel zu lebhaft. Man sagt ihm nach, dass er sich sowohl mit Kindern als auch mit seinen Artgenossen gut versteht.

Zwergpinscher

Der Zwergpinscher wird etwa 25 bis 30 cm groß und erreicht ein Gewicht von ungefähr 3 bis 4 kg. Glattes, kurzes Fell, das eng anliegt, ist dem Zwergpinscher eigen.

Ganz typisch sind entweder Zweifarbigkeit – Schwarz mit rotbraunen Abzeichen – oder rötlich-braunes Fell. Intelligenz, Fröhlichkeit und Sinn für Geselligkeit zeichnen den Zwergpinscher besonders aus.

Zudem ist er ein wachsamer Hund, der Fremden gegenüber nicht gerade zutraulich ist. Da der Zwergpinscher kein großer Hund ist, kann man ihn in einer Wohnung gut halten. Er braucht aber selbstverständlich auch Beschäftigung, Bewegung und Auslauf. Bei liebevoller Erziehung, die dem Halter leicht fallen sollte, da der Pinscher lernfreudig ist, kann man ihn zu einem sehr angenehmen Begleithund erziehen.

Ratgeber Gesundheit

Auch der Hund hat wie wir Menschen gute und schlechte Tage. Wenn er sich einmal offensichtlich nicht so wohl fühlt, dann muss das nicht gleich ein Anzeichen für eine Erkrankung sein. Es kann vorkommen, dass er sich nach dem Fressen erbricht. Das muss nicht heißen, dass der Hund wirklich krank ist. Möglich ist, dass er zu schnell gefressen hat.

Man sollte ihn dann aber besonders sorgfältig beobachten – vielleicht hat er doch etwas Ernstes, das einen Tierarztbesuch erfordert. Mit der Einstellung „Es ist doch nur ein Hund, der wird sich schon wieder berappeln" läuft man Gefahr, gefährliche Erkrankungen im Frühstadium zu verharmlosen. Jeder Hundehalter sollte sich über typische Hundekrankheiten und ihre Symptome informieren. Aber der normale Hundehalter ist und bleibt ein Laie. Er kann zum Beispiel von einzelnen Symptomen auf falsche Erkrankungen schließen, denn das umfassende Wissen eines Tierarztes fehlt ihm. Im Vordergrund aller Überlegungen sollte nicht das Geld stehen, das man beim Tierarzt ausgeben muss, sondern ausschließlich das Wohl des vierbeinigen Freundes. Der Mensch ist verpflichtet, für dessen Wohl zu sorgen.

Schon der Welpe muss wiederholt geimpft werden. Man impft ihn gegen Staupe, Leberentzündung, Leptospirose, Parvovirose und Tollwut.

Es gibt Symptome, die auf bestimmte Erkrankungen hindeuten. Andere haben eher allgemeinen Charakter, können aber auch ein Anzeichen für eine Erkrankung sein. So können sich beispielsweise hinter allgemeiner Unlust, Mattigkeit und Appetitlosigkeit ernsthafte Erkrankungen verbergen. Auch Fell und Augen sind ein guter erster Indikator für den Gesundheitszustand des Hundes. Weitere Anzeichen für Erkrankungen sind unter anderem: trockene, heiße Nase, häufiges Erbrechen, extremer Durst, ständiges Ohren- und Kopfschütteln, übermäßiges Kratzen und Beißen im Fell, dauerhaft schnellere Atmung, Ausfluss aus Augen und Nase.

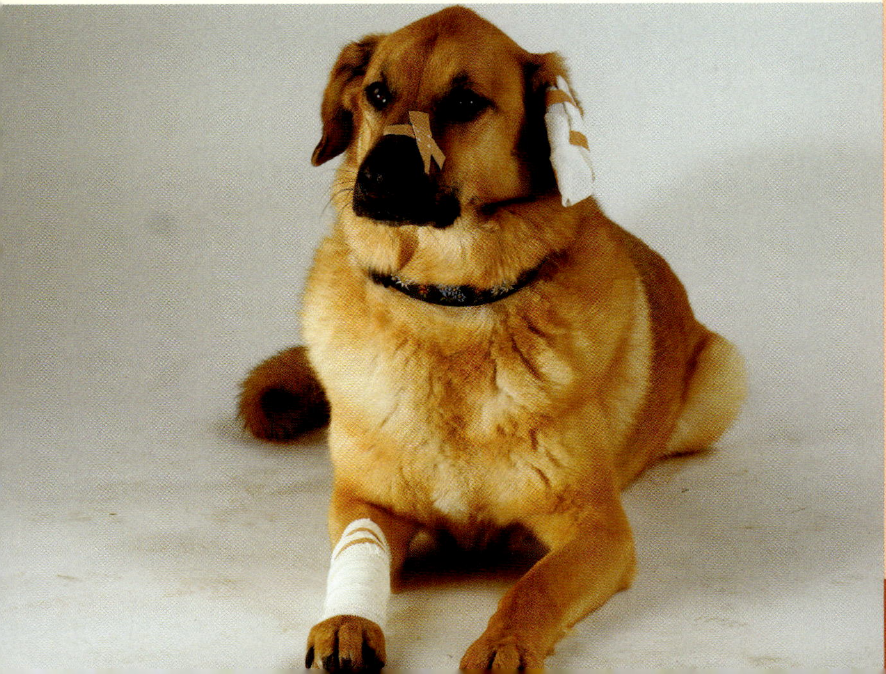

Der richtige Tierarzt

Wenn Sie alles tun wollen, um Ihrem Hund ein langes und gesundes Leben zu gewährleisten, sollten Sie Ihren Tierarzt besonders sorgfältig auswählen. Er muss sich auf sein Handwerk verstehen, die neuesten Behandlungsmethoden kennen und bereit sein, im Notfall auch einmal zu Ihnen nach Hause zu kommen. Außerdem sollte er seine Diagnose und seinen Behandlungsvorschlag für Sie verständlich erklären und alle Ihre Fragen dazu beantworten.

Vertrauen ist wahrscheinlich der wichtigste Punkt bei der Auswahl eines Tierarztes. Schließlich kann Ihnen Ihr Hund nicht mitteilen, wie er sich bei der Behandlung fühlt. Und Sie wissen nicht, was in Ihrer Abwesenheit in der Tierarztpraxis passiert.

Fragen Sie Freunde, Nachbarn, Kollegen oder andere Hundehalter nach einer entsprechenden Empfehlung. Tierfreunde in Ihrer Umgebung werden Ihnen bestimmt einen versierten Tierarzt empfehlen können, der seinen Beruf ernst nimmt.

Überlegen Sie, ob der Tierarzt gut zu erreichen ist und die Öffnungszeiten sich mit Ihrem Alltag vereinbaren lassen. Sie sollten darauf achten, dass das Personal gut geschult und hilfsbereit ist. Dazu gehört auch, dass die Tierarzthelferinnen Notfälle erkennen und entsprechend reagieren können.

Sie sollten sich erkundigen, ob der Tierarzt bereit ist, Sie an einen Spezialisten zu verweisen, falls der Zustand Ihres Hundes dies erfordern sollte. Heutzutage gibt es auf den Gebieten Psychologie, Kardiologie, Zahnmedizin, Dermatologie, Innere Medizin, Neurologie, Augenheilkunde, Radiologie und Chirurgie Spezialisten für die Behandlung von Tieren.

Am wichtigsten ist es jedoch, dass Sie ein gutes Verhältnis zu dem Tierarzt Ihres Hundes aufbauen. Sie sollten keine Scheu haben, Fragen zu stellen und gegebenenfalls auch über die verlangten Gebühren zu sprechen.

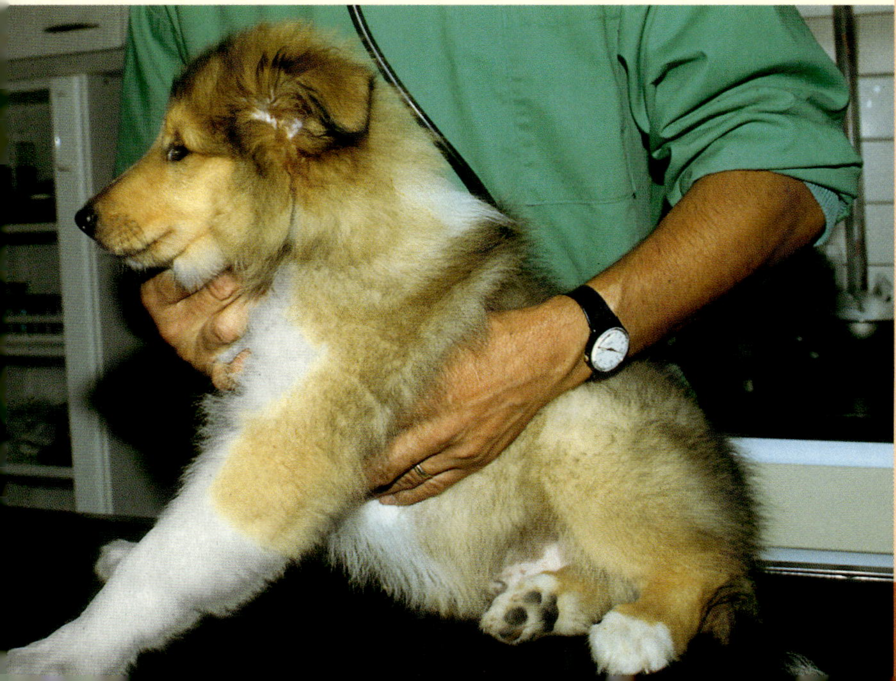

Naturheilverfahren

Das Interesse an Naturheilmethoden ist in den letzten Jahren enorm gewachsen, was auch in der Tierwelt Auswirkungen hat. Immer mehr Tierhalter suchen Alternativen zur konventionellen Veterinärmedizin, weil sie oft, gerade in Bezug auf chronische Krankheiten, die Nebenwirkungen und Grenzen der Schulmedizin bei ihren Tieren miterleben.

Die meisten Naturheilverfahren, die für Menschen genutzt werden, lassen sich mit Erfolg auf Tiere übertragen. Der englische Begriff „Holistic Medicine" (Ganzheitliche Medizin) ist vielleicht zutreffender, denn bei den meisten Naturheilverfahren werden Körper und Psyche gleichermaßen berücksichtigt, sprich, es wird ganzheitlich behandelt.

Die Naturheilverfahren versuchen nicht, Symptome zu beseitigen oder zu unterdrücken, sondern den Organismus als Ganzes zu heilen. Für die Behandlungen von Tieren mit Naturheilverfahren sind Tierheilpraktiker und entsprechend ausgebildete Tierärzte zuständig. Ein Tierheilpraktiker ist kein Mediziner, sondern ein Anwender verschiedener Naturheilverfahren wie beispielsweise Homöopathie, Bach-Blüten-Therapie, Phytotherapie, Akupunktur, Eigenbluttherapie, Bioenergetik und Hydrotherapie, und ist auch für die Beratung des Tierhalters zu

Fragen der Tierhaltung, Tierpsychologie, Erziehung, Ernährung, Fortpflanzung und des Tierschutzes zuständig.

Ein ganz wichtiger Punkt bei der ganzheitlichen Heilkunde ist die Prävention von Krankheiten. Zur Gesunderhaltung des Tieres gehören auch Erziehung, Auslauf, artgerechte Haltung, Beschäftigung, Zuneigung und Ernährung, wobei die Ernährung wahrscheinlich das wichtigste Standbein einer guten Gesundheit ist.

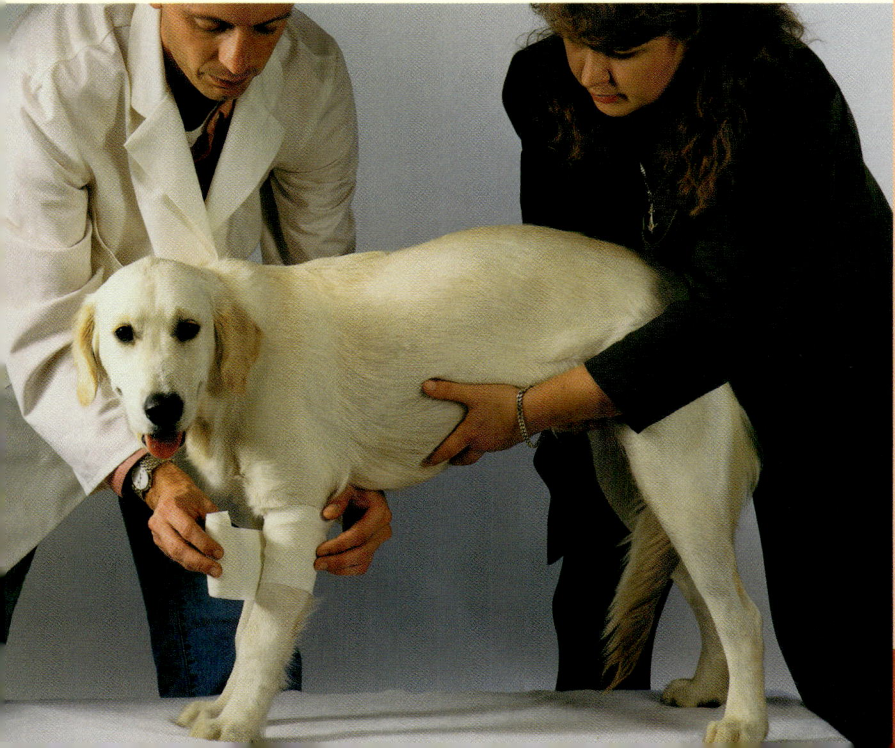

Wasser – ein Lebensmittel

Neben der ausgewogenen und gesunden Ernährung gehört das Trinkwasser für unseren Vierbeiner zu den wichtigsten Lebensmitteln. Manche Hunderassen, wie der Pudel, haben eine starke Bindung an Wasser. Wasser, dieser lebenserhaltende Stoff, steuert die physiologischen Vorgänge im Hundeorganismus. Es wird vom Hund beim Trinken und über die Nahrung aufgenommen. Die Wasserabgabe erfolgt beim Harnen, über den Kot, Schweißabgabe über die Ballen der Pfoten, beim Hecheln und durch die Hautatmung. Hunde müssen also relativ viel trinken. Je mehr Trockenfutter sie aufnehmen, je höher die Umgebungstemperatur ist und je aktiver sie sind, desto mehr frisches Trinkwasser brauchen sie. Leiden sie unter Durchfall, ist das Trinken lebenserhaltend. Ebenso bei Fieber, Nierenerkrankungen, Zuckerkrankheit und Blutverlust. In all diesen Fällen muss die Wasseraufnahme vom Besitzer überwacht werden.

Beim Spaziergang kann es allerdings zu Problemen kommen, wenn der Hund aus verunreinigten Pfützen, Gräben oder natürlichen Gewässern trinkt, die besonders oft im Früh-

TIPP

Vor allem bei alten Hunden sollte der Hundebesitzer streng darüber wachen, dass genügend Wasser aufgenommen wird. Es empfiehlt sich, das Futter stets mit Wasser anzurühren und die nötige Flüssigkeit (wenn sie nicht von allein aufgenommen wird) durch Zugabe von Brühen schmackhaft zu machen. Bedenken Sie immer: Wenn ein Hund über 15 % des Körperwassers verliert, kann dies tödliche Folgen nach sich ziehen.

jahr oder Herbst durch landwirtschaftliche Dünger, auch Gülle, oder gar Pestizide hochgradig belastet sind. Selbst das Wasser im Gartenteich kann zur Gefahrenquelle werden, wenn eine nahe Wiese gedüngt, Rosen gespritzt oder ein Algenmittel ins Wasser gelangt sind. Auf Wiesen, die frisch gedüngt wurden, besteht eine Gefahr für unseren Freund beim „Grasfressen". Aber auch schon beim Ballspielen, wenn die Chemikalie an einem speichelfeuchten Ball haftet und dann über die Mundschleimhaut aufgenommen wird. Aus stehenden Altwässern oder stark belasteten Flüssen, die besonders an den Ufern und im Flachwasser stark mit Schlamm (Bakterien) versetzt sind, sollte unser Vierbeiner auch nicht trinken.

Die Fütterungssünden

Auch die beste Hundefertignahrung nutzt nichts, wenn in der Fütterung – vor allem zwischen den Mahlzeiten – immer wieder „ungesunde Ausnahmen" gemacht werden. Darin liegen nämlich die größten Gefahren für den Hund.

Rohes Fleisch kann Krankheitserreger enthalten. Vor allem Bakterien wie Salmonellen und Campylobakter und Wurmlarven können durch rohes Fleisch auf den Hund übertragen werden. Da diese Erreger erst bei sehr hohen Temperaturen abgetötet werden, darf Fleisch nie roh verfüttert werden.

Tischabfälle und Speisereste haben im Hundenapf nichts zu suchen. Nahrungsmittel, die für den Menschen bekömmlich sind, sind für den Hund oft schädlich. Zu wenig Eiweiß, zuviel Fett oder zu stark gewürzte Speisen können zu Fellproblemen, Übergewicht oder anderen Erkrankungen führen.

Nichts spricht dagegen, einen Hund ab und zu mit einem **Leckerbissen** zu belohnen oder auch einfach mal zwischendurch zu verwöhnen. Nur gesund muss er sein, der Snack. Wer zu Schokolade, Keksen, Aufschnitt oder Kartoffelchips greift, beschwört bei seinem Hund überflüssige – und ungesunde – Pfunde herauf, und das tut ihm alles andere als gut. Ein hundegerechter Snack fördert dagegen nicht nur die gute Beziehung zwischen Mensch und Hund, sondern unterstützt auch die Gesundheit und das Wohlbefinden des Vierbeiners. Allerdings sollte auch hier auf ein gesundes Maß geachtet und der Nährwert der Snacks von der Hauptration abgezogen werden.

Schokolade enthält Theobromin, ein sogenanntes Methylxanthin, das in größeren Mengen für Hunde giftig ist. Studien haben gezeigt, dass Hunde im Vergleich zu anderen Säugetieren sehr viel empfindlicher auf Theobromin reagieren. Mögliche Folgen sind Erbrechen, Durchfall, starkes Hecheln, Unruhe und Muskelzittern.

Wer seinem Hund **Knochen** gibt, setzt ihn gleich mehreren Gefahren aus. An einem Knochen können sich Hunde regelrecht die Zähne ausbeißen. Außerdem gelangen die abgeschluckten Knochen oft gar nicht in den Darm, sondern werden wieder erbrochen.

Scharfe Knochensplitter sind in der Lage, den Rachenraum und den Magen-Darm-Kanal erheblich zu verletzen.

Hunde sind **keine** reinen **Fleischfresser**, sondern brauchen neben tierischen Nährstoffen auch pflanzliche.

Wenn der Hund zu dick ist

Wir wissen, dass es ungesund ist, wenn die „Speckschicht" zu dick wird. Der Rücken, die Gelenke, das Herz, der Kreislauf, die Leber ... Und ein Teufelskreis ist es außerdem, denn je mehr überflüssige Pfunde man mit sich herumträgt, um so träger wird man und um so leichter nimmt man dann auch wieder zu – und dem Hund geht es genauso. Beachten Sie daher zum Abnehmen die folgenden Ratschläge.

Alle drei Monate das Gewicht kontrollieren! Große Hunde wiegen Sie am besten bei Ihrem Tierarzt!

Grundsätzlich eher knapp füttern! Denken Sie daran, dass die Angaben zur Fütterungsmenge auf der Verpackung rein theoretische Werte sind, bei denen von einem durchschnittlichen, gesunden Hund mit zwei Stunden Bewegung ausgegangen wird. Es kann durchaus sein, dass Ihr Hund aufgrund der Umstände deutlich weniger braucht! Geben Sie Ihrem Hund zwischendurch Leckerchen, eine Zwischenmahlzeit oder Belohnungen, so müssen Sie diese Naschereien unbedingt von der Menge des Hauptfutters abziehen!

Die gesündesten Leckerchen für übergewichtige Hunde sind Obst- und/oder Gemüsestückchen (Apfel, Möhre oder Ähnliches).

Vergessen Sie niemals, warum es so wichtig ist, dass Ihr Hund abnimmt – es ist zu seinem Besten! Sie quälen Ihren Hund mit einer Diät und einer konsequenten Vorgehensweise nicht! Er kann zwar nicht verstehen, dass Sie ihm damit Gutes tun, er wird sich jedoch daran gewöhnen!

Lenken Sie Ihren Hund ab! Auch uns fällt eine Diät leichter, wenn wir nicht dauernd ans Essen denken oder anderen dabei zusehen müssen!

Wenn es der Gesundheitszustand des Hundes erlaubt, sorgen Sie für mehr Bewegung!

Kastration oder nicht?

Viele Hundebesitzer durchleben, was eine mögliche Kastrierung ihres Hundes betrifft, eine Phase der Unsicherheit und der Zweifel: „Soll ich? Soll ich nicht?" Sie fürchten, dass ihr Hund nach einer Sterilisation seine Persönlichkeit und sein Verhalten ändern und zu einem anderen Hund wird. Einige Besitzer hoffen, dass sich das Verhalten ihres Hundes wandeln werde. Eine Kastration aber ändert nicht Ihren Hund. Sie setzt lediglich dem konstanten Trieb ein Ende, den Ihr Hund verspürt und der ihn dazu veranlasst, mehr seinen Hormonen als Ihnen zu folgen. Eine weitere Sorge ist, dass Ihr Hund faul und fett werden würde, was aber oft gar nicht der Fall ist.

INFO

Mögliche Probleme

Bei manchen Hunden können nach der Kastration Probleme auftreten: Harnträufeln etwa oder Fellprobleme. Wir empfehlen deshalb, auf jeden Fall das Gespräch mit dem Tierarzt zu suchen und abzuklären, ob eine Kastration im Fall Ihres Hundes die beste Lösung ist.

Die Kastration Ihres Hundes kann dem Problem des Herumstreunens ein Ende setzen, und Sie werden einen aufmerksameren Hund haben. Männliche Hunde tendieren außerdem weniger dazu, über lange Zeiträume herumzustreifen und zeigen weniger Aggressionen. Hündinnen fühlen sich einfach wohler, wenn sie nicht ein- oder zweimal pro Jahr mit ihrem Hitzezyklus fertig werden müssen, und eine nervöse Hündin kann an Selbstvertrauen gewinnen, insbesondere, wenn sie nicht von jedem Männchen angesprungen wird.

Medizin verabreichen

Das Einnehmen von Medikamenten ist für Hunde die gleiche widerliche Prozedur, wie wir sie als Kinder erlebten. Wenn man schon so scheinheilig mit süßlichen Worten daherschleicht ... höchst verdächtig! Und dann schmeckt das fremde Zeug, das so gar nicht nach Leckerli aussieht, ekelhaft.

Ein sozialfürsorglicher Hinweis für die Halter, die ihrem Hund Medizin oder Spritzen geben müssen, die deren Vertrauen

zum Halter ankratzen: Die Hunde verbinden das Piksen oder den Juckreiz oder den Schmerz als direkt vom Halter ausgehend, und zwar auch noch von der vermeintlich so pflegenden Hand. Die Hand muss also auch etwas Schlechtes sein. So wächst vielleicht vorübergehendes, vielleicht länger anhaltendes Misstrauen, wo vorher grenzenloses Vertrauen herrschte. Die Hunde können nicht wissen, dass es ja gut gemeint ist. Man kann zweierlei zum Wiederaufbau des Vertrauens vornehmen. Die erste Möglichkeit ist die schlechtere: Nur den Tierarzt oder

TIPP

Das Ausspucken verhindern

Das erste Mal übertölpelt, im guten Glauben, wird es trotz guter Worte und sanftem Griff schwerer, die Schnauze zu öffnen. Hier hilft nur der Griff in die Lefzen, damit der Hund nicht aus Angst zubeißt. Auf seine Lefzen beißt er nicht gern. Das zügige Einträufeln der Medizin soll unnötigen Stress vermeiden. Manchmal spuckt der Hund die Medizin wieder aus! Dagegen hilft ein Trick: Massieren Sie leicht seine Gurgel. Das regt das Schlucken an.

jemand anderen als den Halter die Medizin verabreichen lassen. So schiebt der Hund die Schuld nicht auf den Halter. Aber er misstraut dann der anderen Person, die der Halter vielleicht noch einmal gut als Helfer gebrauchen kann oder muss. Die zweite Möglichkeit: Der Halter sollte das Tier, während er die Medizin verabreicht, mit sanfter Stimme beruhigen, vielleicht noch mit einer weiteren streichelnden Hand, aber nicht zu aufdringlich, festklammernd! Und nie beim Schlafen! Denn das ist ein hinterhältiger Überfall. Grundsätzlich gilt: Hinterher immer eine Belohnung. Wir versüßen ihm damit das Saure. Der Hund erinnert sich beim nächsten Mal, wie der Halter ihn behandelt hat. Das gilt auch für seine Erfahrungen bei einem Tierarzt.

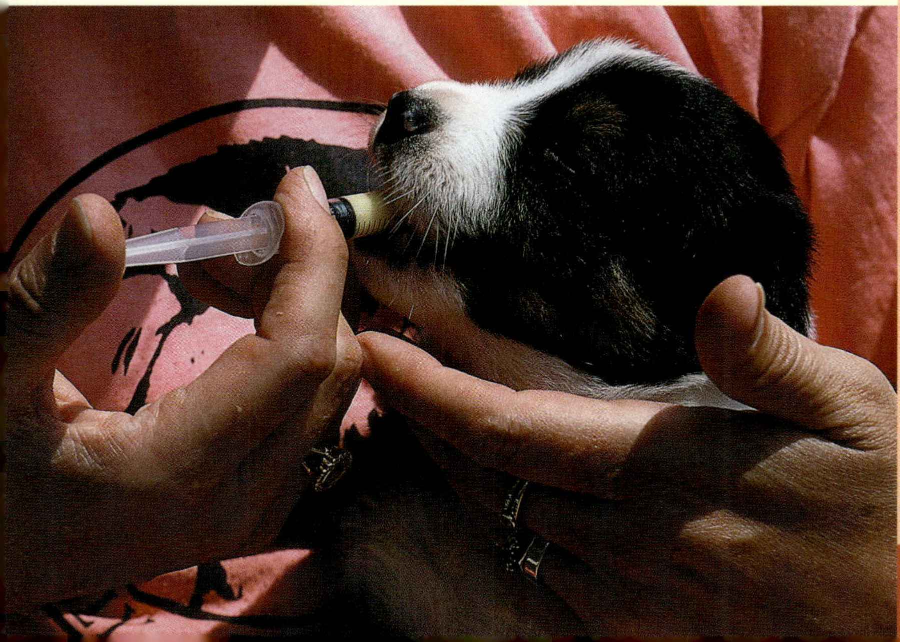

Wunden lecken

Ein leidvolles Kapitel ist der Schutz vor Wunden durch das natürliche Schlecken. Die kleinsten Wunden schlecken sich Tiere „gesund"; oft aber übertragen sie dadurch Bakterien und infizieren die Wunde. Dagegen – vor allem nach Operationen – hilft ein Trichter, der über den Kopf gestülpt wird. Aber dies ist ein Horrorgebilde für Hunde, das überall und immer stört.

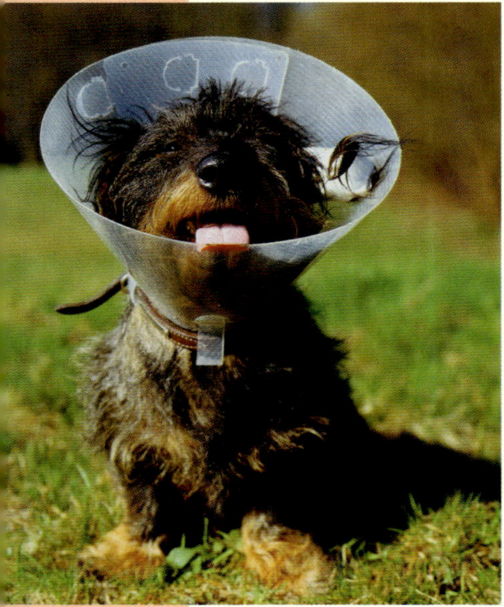

Besser ist – wenn es irgendwie geht – eine leicht selbstklebende, elastische und luftdurchlässige Fixierbinde, die um Wunde und Körperteil gewickelt wird. Oder ein zurechtgeschnittenes T-Shirt. Es darf nur nicht beim Gehen oder Entleeren hindern. Die Wunde sollte vorher desinfiziert werden, nicht mit einem Spray, das in die empfindliche Nase steigt, sondern mit einer Lösung, die auf die Wunde geträufelt wird.

INFO

Der Kampf gegen Trichter

Eine nette Geschichte von einem Rottweiler mit Trichter: Er wollte sich mit dem Unding nicht abfinden. Immer wieder versuchte er, mit dem Trichter in seine Hundehütte zu gelangen. Es ging nicht. Da nahm er einmal gehörigen Anlauf und – geschafft! Der Trichter war endlich kaputt.

Erste Hilfe bei Hitzschlag

Bei heißem Wetter können Hunde leicht einen Hitzschlag erleiden. Dabei sind Hunde mit langem oder schwarzem Fell besonders empfindlich. Rassen mit verkürztem Fang, wie der Mops oder der Pekinese, sowie übergewichtige Hunde oder Hunde mit Herzleiden sind ebenfalls einem höheren Risiko ausgesetzt.

Nicht nur bei sehr hohen Temperaturen, sondern auch nach großen körperlichen Anstrengungen ist ein Hitzschlag möglich. Der bei weitem häufigste Grund für einen Hitzschlag ist allerdings das Zurücklassen von Hunden in geparkten Autos an warmen Tagen.

In abgelegenen Gebieten sollten Sie sich sofort mit dem Hund auf die Suche nach Wasser (Bach, Brunnen, Teich) begeben. Bespritzen Sie den Hund vorerst mit Wasser, dann tauchen Sie den ganzen Körper bis zum Kopf ein und lassen ihn mindestens 15 Minuten abkühlen.

In einer Wohnung stellen Sie das Tier sofort in die Badewanne, verschließen den Ausguss und leiten mit der Dusche die Abkühlung ein. Mit zunehmendem Ansteigen des Wassers wird die Kühlung effizienter. Das Aufhören des Hechelns zeigt die beginnende Normalisierung an. Üblicherweise dauert der Vorgang etwa 15 Minuten.

Obwohl die Symptomatik das Schlimmste befürchten lässt, erholen sich die Tiere schon während der Abkühlung wie durch ein Wunder. Schon nach circa 30 Minuten verhalten sich die meisten wieder so, als ob überhaupt nichts gewesen wäre.

Vergessen Sie nie, an eine Überhitzung zu denken, wenn Ihr Hund in den heißen Sommermonaten ganz plötzlich „durchzudrehen" beginnt! Bedenken Sie auch, dass man mit nassen Tüchern in diesen Fällen keine genügend schnelle Temperatursenkung erreicht.

Erste Hilfe bei Ballenschnitt

Häufig kommt es durch Glasscherben zu Ballenschnitten. Der Hund beginnt zu hinken, hält die Pfote hoch, jault oder winselt. Wenn es an der Pfote stark blutet, handelt es sich meist um einen Ballenschnitt.

Die Blutstillung ist vorerst am wichtigsten. Dabei legt man eine dicke Lage Gazetupfer auf die Wunde und erstellt von unten nach oben einen satten Druckverband. Falls immer noch Blut durchdrückt, legt man nochmals einen Umgang dazu. Nach ein bis zwei Stunden wird der Verband geöffnet, um die Situation genauer zu beurteilen. Ist der Schnitt tief mit weit auseinanderklaffenden Rändern, ist eine Naht nötig, um das Ballenkissen wieder herzustellen. Falls der Schnitt nur zwei bis vier Millimeter tief ist, braucht es keine Naht. Die Wunde wird sorgfältig gesäubert, mit einer desinfizierenden Salbe bestrichen und ein neuer Pfotenverband angelegt. Nach drei Tagen erfolgt ein Verbandswechsel, und nach sechs Tagen ist die Heilung meist so weit fortgeschritten, dass man ohne Verband auskommt.

Ballenschnitte sind wirklich alltäglich. Eigentlich harmlos, führen sie manchmal doch zu dramatischen Situationen, nur weil eine Verbandsbinde fehlt. Dabei wäre es so leicht, auf jedem Spaziergang zusammen mit den Belohnungsleckerlis eine Verbandsbinde mit sich zu tragen.

Erste Hilfe bei Insektenstich

Wird der Hund von einer Wespe oder Biene gestochen, kann es zu einer plötzlichen, panikartigen Fluchtreaktion kommen. Eventuell winselt oder jault der Hund auf oder hält die gestochene Pfote hoch. Auch kann er sich die schmerzhafte Stelle intensiv lecken. Die Haut an der Einstichstelle ist geschwollen und gerötet.

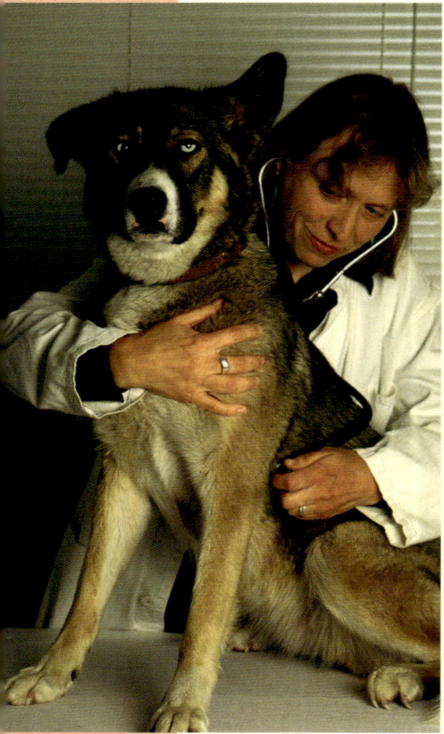

Bei einer sehr starken Reaktion kann der Hund mit Erbrechen oder Kreislaufschwäche reagieren, was jedoch meist nur nach mehreren Stichen der Fall ist.

Kühlen Sie die Einstichstelle mit Eis oder kaltem Wasser und entfernen Sie den Stachel.

Die allermeisten Bienen- und Wespenstiche sind zwar wie für den Menschen sehr schmerzhaft, verlaufen

INFO

Stiche ins Maul

Obwohl theoretisch möglich, beobachtet man bei Hunden und Katzen eigentlich nie Bienen- und Wespenstiche im Rachen, womit eine Einengung der Luftzufuhr sehr unwahrscheinlich wird.

aber meist ohne schwerwiegende Probleme. Bei Mehrfachstichen oder bei sensibilisierten Tieren können aber bedrohliche Situationen auftreten. Bei mehreren Stichen und einem drohenden Kreislaufkollaps sollten Sie schnellstmöglich einen Tierarzt aufsuchen.

Erste Hilfe bei Krallenverletzung

Krallenverletzungen entstehen häufig durch Einhängen in Gittern oder durch Hängenbleiben an unnachgiebigen Gegenständen.

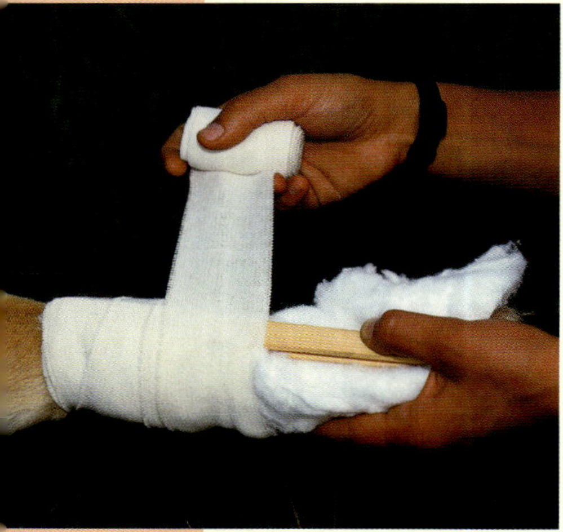

Der Hund jault plötzlich auf und hält das verletzte Bein hoch. Ist die Kralle abgebrochen oder abgehoben, kann es zu starken Blutungen kommen.

Die Blutung wird mit einem Druckverband gestillt. Nach ein bis zwei Stunden versuchen Sie, die Situation zu beurteilen. Bei einer abgebrochenen Kralle mit fehlender Spitze braucht man nur zu desinfizieren und für ein bis zwei Tage einen kleinen Verband auf der Wunde zu lassen.

Hängt jedoch das Vorderteil der Kralle noch am Ballen oder ist die Kralle abgehoben, sollten Sie einen Tierarzt aufsuchen.

Unter Sedation und einer Lokalanästhesie der betroffenen Zehe wird der Tierarzt entweder das Krallenhorn oder die ganze Krallenspitze entfernen. Krallenverletzungen passieren oft. Mit einer Verbandsbinde ist man aber Herr der Lage.

Gifte im Haushalt

Chemikalien, die in Haushalt und Garten verwendet werden, zum Beispiel Dünger, Insektizide, Pflanzenschutzmittel, Reinigungsmittel, sind für Hunde gefährlich.

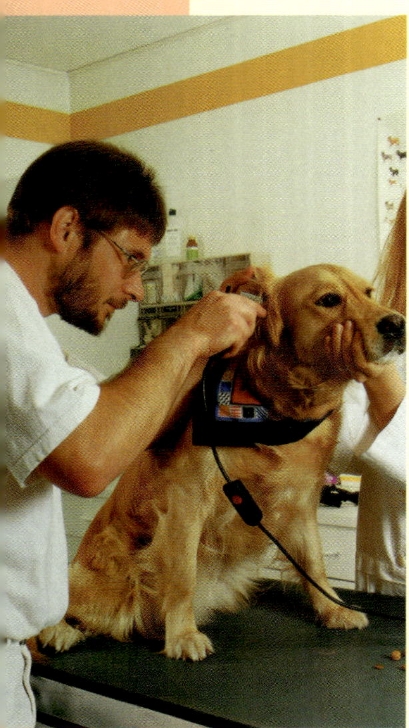

Viele **Pflanzen** sind frisch oder in getrockneter Form giftig. Holen Sie sich in einer Gärtnerei Informationen zu den Pflanzen, die Sie kaufen wollen. Im Zweifelsfall sollten die Pflanzen außerhalb der Reichweite Ihres Hundes aufgestellt werden.

Einige **Münzen** enthalten Zink, was zu Erbrechen, Anämie oder zum Ableben führen kann, wenn das Metall von einem Heimtier aufgenommen wird.

Schokolade: Bereits 30 Gramm einer ungesüßten Kochschokolade können für einen kleinen Hund tödlich sein. Milchschokolade ist weniger giftig, aber wenn Hunde genügend davon fressen, können sie trotzdem ernsthafte gesundheitliche Probleme bekommen.

Frostschutzmittel schmeckt süß, sodass Hunde es gern vom Garagenboden oder von der Auffahrt lecken. Doch bereits ein Teelöffel davon kann zu irreversiblen Nierenschäden und bei einem kleinen Hund zum Tod führen. Wischen Sie verschüttete Frostschutzmittel sofort gründlich auf.

Medikamente für den menschlichen Gebrauch können für Hunde eine ganz andere und unter Umständen gefährliche Wirkung haben.

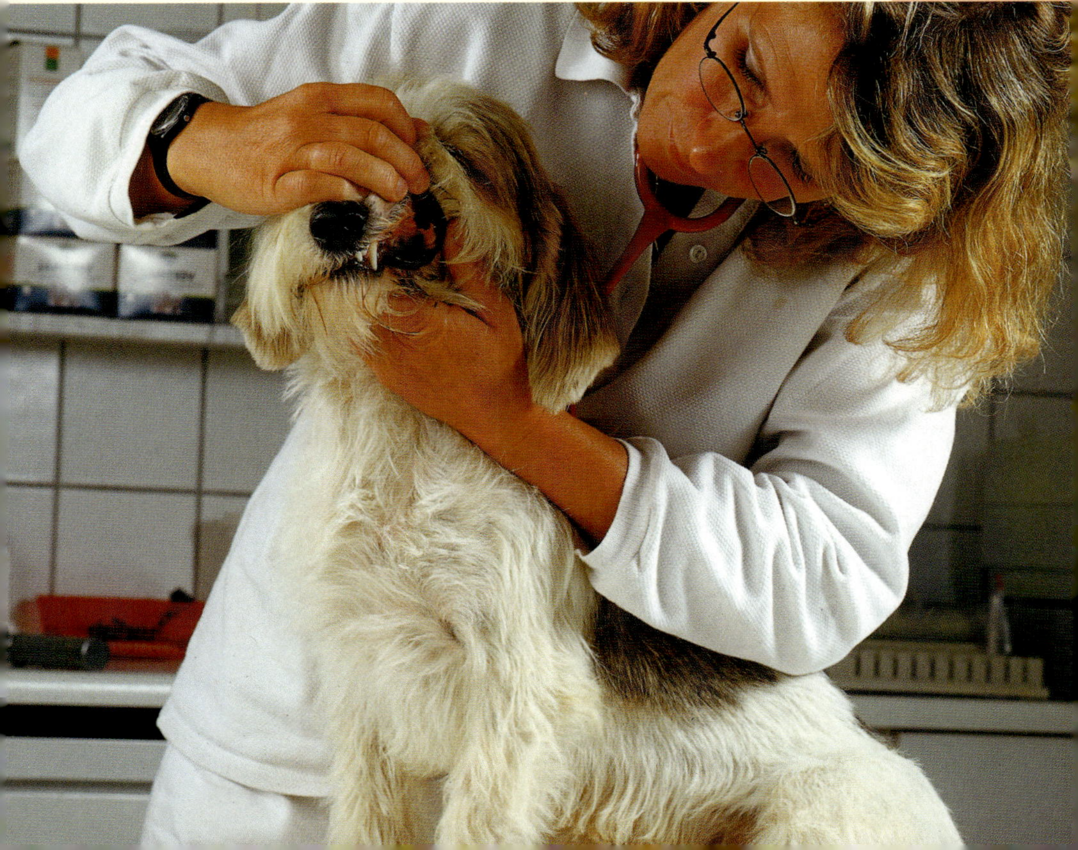

Augenerkrankungen

Eine Bindehautentzündung kommt oft vor. Vor allem dann, wenn Hundehalter glauben, es sieht besonders witzig aus,

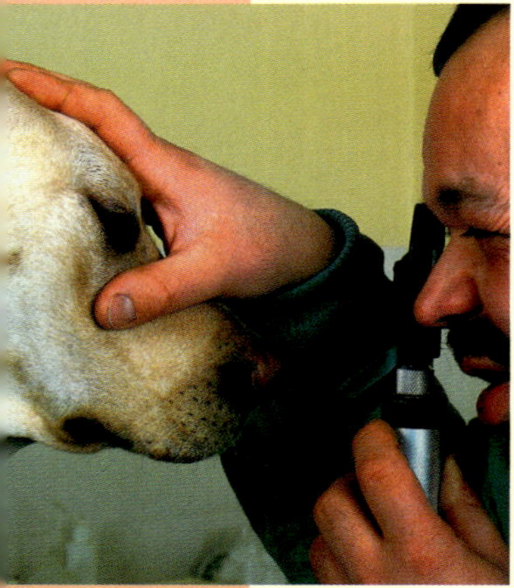

wenn Hunde aus dem Autofenster bei voller Fahrt hinausschauen. Aber auch Infektionen durch Bakterien können die Ursache sein.

Anzeichen dafür sind: Die Lidbindehaut ist geschwollen und stark gerötet. Die Augen tränen. Das austretende Sekret wird schleimig oder eitrig. In chronischen Verläufen können die Lider verkleben. Kleine Bläschen können sich bilden, die bei jedem Lidschlag die Hornhaut reizen. In leichten Fällen mildert eine stete Behandlung mit Augentropfen oder -salben, immer nur vom Tierarzt empfohlen. Gleichzeitig sollte die Grundkrankheit behandelt werden.

Jede längere Bindehautentzündung kann auf die Hornhaut übergehen. Neben den oben genannten Ursachen sind auch Verletzungen ursächlich. Neben den ebenfalls genannten

INFO

Grauer Star

Sehr häufig ist der Graue Star, bei dem es sich um eine Trübung der normalerweise völlig durchsichtigen Linse handelt. Je früher eine Operation erfolgt, desto größer ist die Chance, das Auge zu retten. Als Ursachen gelten Entzündungen des Auges, Krankheiten oder das Alter. Vor allem Cocker-Spaniel, Pudel und Sibirischer Husky können bereits in jungen Jahren erkranken.

Symptomen kann man auch einen weißen Schleier auf der Hornhaut sehen. In chronischen Fällen kann ein Geschwür entstehen. Bei schwierigen Fällen hilft oft nur eine Operation. Um die Schmerzen zu lindern, können Sie Aconitum napellus C30 verabreichen: Geben Sie dem Hund drei Globuli und wiederholen Sie die Behandlung nach vier Wochen.

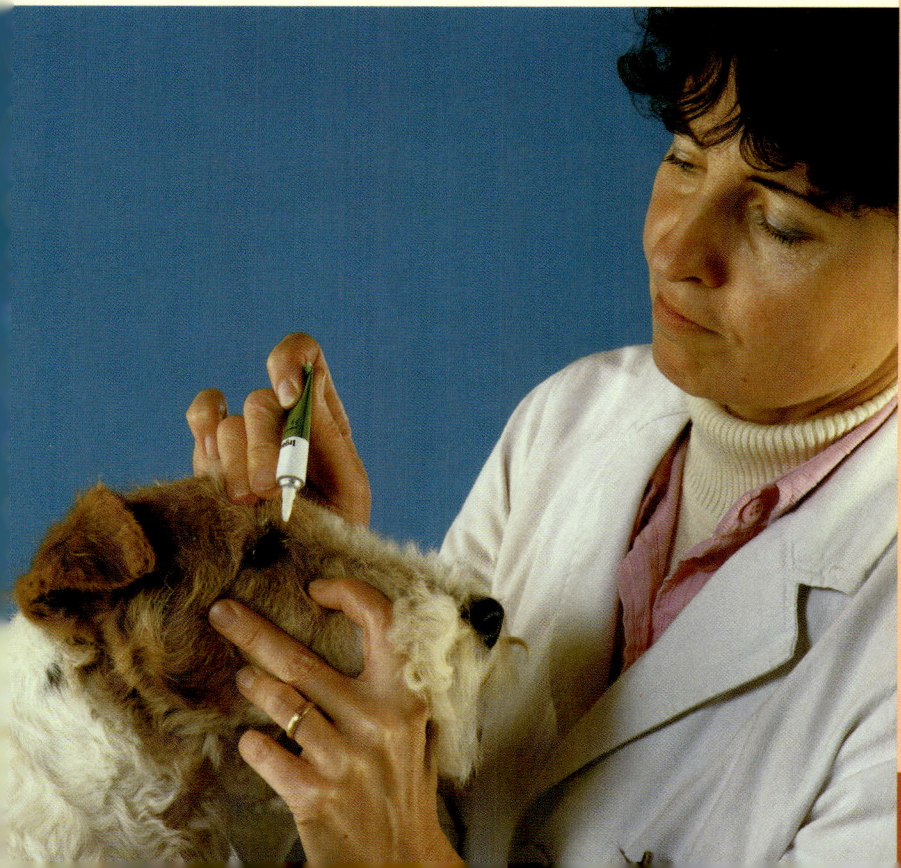

Ohrenerkrankungen

Allein die Erkrankungen des äußeren Gehörganges machen zwischen zehn und 25 Prozent der Arztbesuche aus. Vor allem die im Vergleich zu anderen Tieren langen Gehörgänge

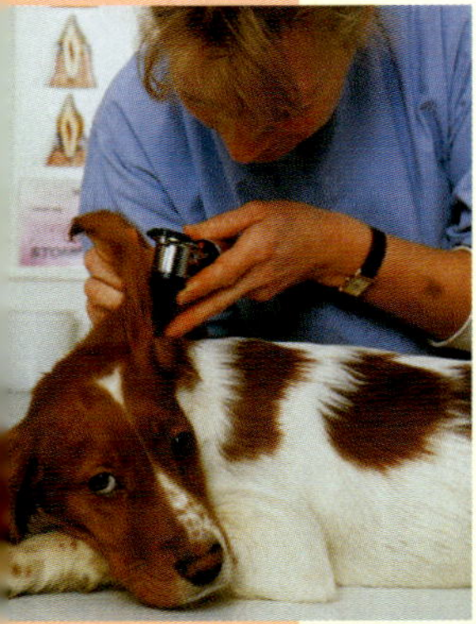

und deren ausgeprägte Knicke begünstigen die Entstehung einer Erkankung. Eine weitere Erschwernis sind die starke Behaarung und die schlechte Lüftung bei langen Schlappohren. Diese anatomischen Besonderheiten bedingen ein ungünstiges Mikroklima des Gehörgangs und erschweren die spontane Sekretentleerung.

Weitere Ursachen sind Schädigungen durch lose Haare, Fremdkörper unfachgemäße Ohrsäuberung (nie mit Wattestäbchen, nur mit vom Tierarzt verordneten Ohrentropfen reinigen), Eindringen von Wasser, Bakterien- und Pilzbesiedelungen. Die Häufigkeit von Ohrmilbenbefall ist regional stark unterschiedlich. Die ersten Symptome sind Ausfluss und ein übler Geruch.

Greift eine Entzündung auf das Innenohr über, treten typische Symptome auf wie eine Störung der Bewegungsabläufe bis zum Umfallen beim Kopfschütteln. Als Dauerschaden bleibt meist die Kopfschiefhaltung, seltener eine Taubheit zurück. Homöopathisch können Sie bei häufigen schweren Infektionen oder verstärktem Ohrenschmalz Silicea C30 verabreichen: Geben Sie dem Hund 30 Tage lang alle zwölf Stunden drei Globuli.

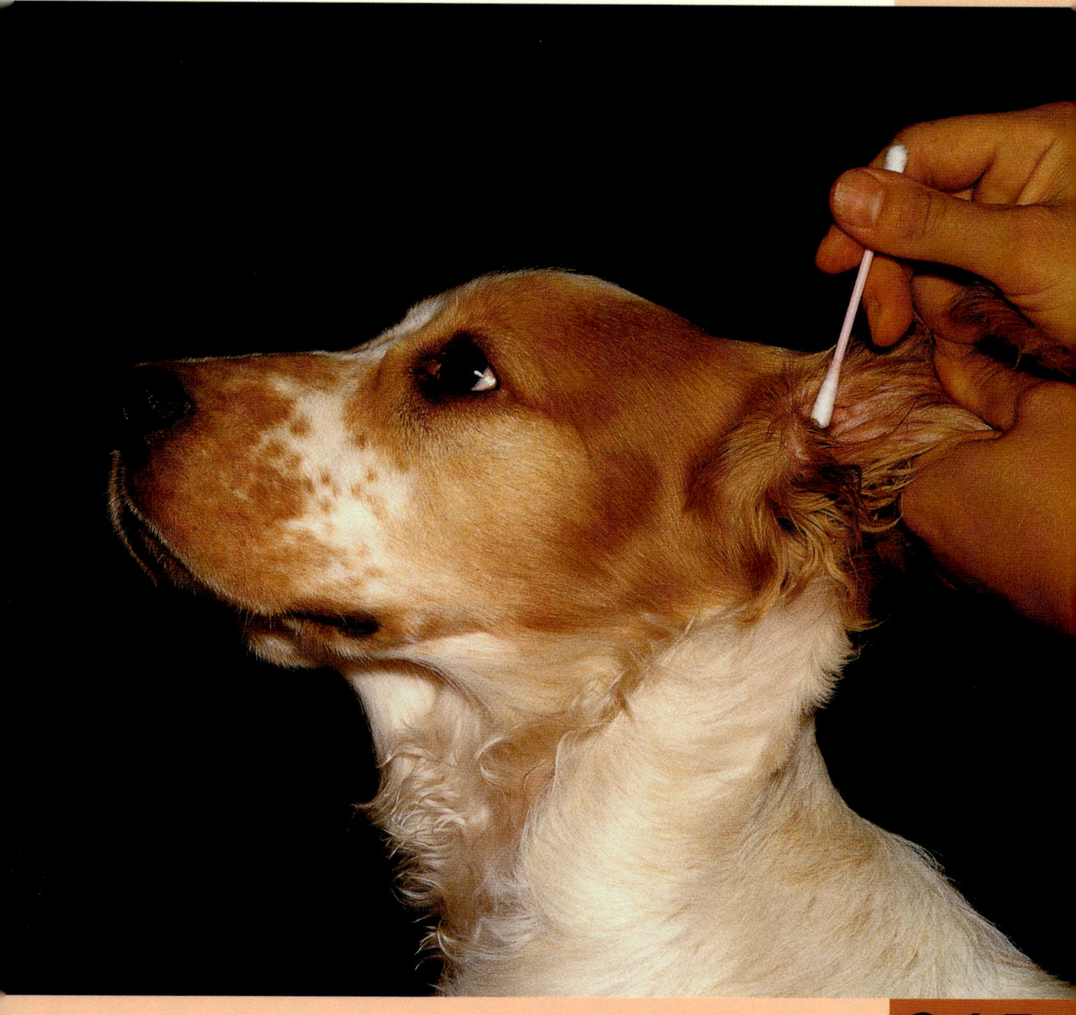

Staupe

Die Staupe ist eine der bekanntesten und gefürchtetsten Infektionskrankheiten der Hunde. Man kennt sie seit dem 18. Jahrhundert. Sie war jedoch in Deutschland lange verschwunden, bis nun wieder seit einem Jahrzehnt vermehrt Fälle auftraten, deren Symptome von unerfahrenen jungen Tierärzten erst gar nicht erkannt wurden. Als Ursache für das Wiederauftreten werden unter Fachleuten die Tierimporte aus dem osteuropäischen Raum diskutiert, eine zunehmende Impfmüdigkeit oder eine spontane Änderung der in der freien Natur vorkommenden Virusstämme, gegen die die bisher verwendeten Impfstoffe in Europa möglicherweise keinen vollständigen Schutz bieten.

Der Hund kann sich nicht nur durch Kontakt mit einem anderen Hund anstecken. Gefahr droht zum Beispiel auch beim Waldspaziergang, weil Marder und Frettchen die Krankheit übertragen können. Ein infizierter Hund scheidet mit sämtlichen Sekreten und Exkreten das Virus (Tröpfcheninfektion) aus, das anschließend von einem anderen Tier direkt oder

INFO

Staupe und Gehirn

Eine besonders gefürchtete Komplikation ist die nervöse Form der Staupe. Dabei verursacht das Staupevirus Schädigungen am Gehirn, die sich durch Zittern, Gleichgewichtsstörungen, Lähmungen und Krampfanfälle äußern. Der Schweregrad der verschiedenen Formen kann variieren. Die nervöse Form endet jedoch immer tödlich und erfordert, dass der Hund eingeschläfert werden muss.

durch Einsaugen aufgenommen wird. Erste Krankheitsanzeichen treten etwa eine Woche nach der Ansteckung auf. Sie beginnen sehr schnell mit hohem Fieber, Haarausfall, Appetitlosigkeit, Mattigkeit, die bis zur Bewegungsunfähigkeit führt. Begleitet werden diese Symptome von anfänglich wässrig-klarem Augen- und Nasenausfluss, der dann zähflüssig wird.

Im Verlauf treten sekundäre Infektionen und meist ein weiterer Fieberschub auf. Es kommen Erbrechen, Durchfall, Austrocknung und rasche Abmagerung hinzu. Allzu oft endet die Staupe tödlich. Die einzig wirksame Methode, Hunde gegen Staupe zu schützen, ist die konsequente Impfung.

Parvovirose

Parvovirose ist die jüngste der gefährlichen Infektionskrankheiten. Wenn früher die Staupe als die gefährlichste Infek-

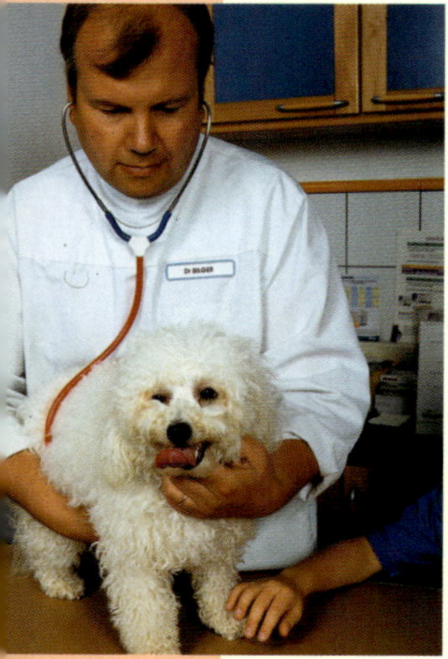

tionskrankheit der Hunde galt, so änderte sich dies mit dem Auftreten der Parvovirose Ende der 1970er-Jahre. Diese Viruserkrankung ist hochgradig ansteckend, die Übertragung geschieht nicht nur von Tier zu Tier, sondern auch über Kleidung, Schuhe und andere Gegenstände. In der Umwelt kann das Virus monatelang überleben.

Erkrankte Tiere scheiden das Virus über einen langen Zeitraum mit Kot und Speichel aus. Einige Tage nach der Ansteckung kommt es zu hohem Fieber, Appetitlosigkeit, Schwäche, Erbrechen und blutig-wässrigem, fast nicht behandelbarem Durchfall. Der Darm kann keine Nahrung und keine Flüssigkeit mehr in den Körper aufnehmen.

TIPP

Bei normalem Magen-Darm-Virus

Geben Sie Ihrem Hund nach starkem Erbrechen für 24 Stunden kein Futter. Erlauben Sie dem Hund gelegentlich Eiswürfel zu lutschen oder geben Sie ihm kleinere Mengen Hühnerbrühe. Am zweiten Tag können Sie ihm etwas pürierte Hühnerbrust anbieten, am besten in sechs kleinen Portionen. Fügen Sie gekochten Reis oder gehacktes Gemüse zu. Am dritten Tag können Sie wieder normales Hundefutter untermischen und etwas Kartoffelbrei zugeben. Kehren Sie allmählich zu zwei Mahlzeiten zurück.

Der Patient stirbt durch Flüssigkeitsverlust und Auszehrung. Auch eine Herzmuskelentzündung durch die Viren kann zu einem plötzlichen Tod führen, manchmal sogar ohne dass vorher Brechdurchfall aufgetreten ist. Diese Seuche rafft ungeimpfte Hunde häufig dahin, Todesfälle sind auch bei erwachsenen, ungeimpften Tieren keine Seltenheit. Doch manchmal scheint die Erkrankung leider auch geimpfte Hunde, besonders Welpen im Alter von acht Wochen, zu befallen.

Magendrehung

Magendrehung – wenn ein Hundehalter weiß, was das für einen Hund bedeuten kann, dreht sich auch bei ihm nach einer derartigen Diagnose der Magen um. Besonders die Halter großer Hunde wissen um das Risiko. Tatsache ist, dass die

Ursachen für eine Magendrehung bisher weitgehend unbekannt sind und über die Zuverlässigkeit der Vorbeugemaßnahmen auch keine gesicherten Erkenntnisse zur Verfügung stehen. Bei Hunden mit hohem Risiko kann eine prophylaktische Operation die Drehung des Magens verhindern. Diese Operation hat sich bereits zu 95 Prozent bewährt bei Hunden, die nach der ersten Magendrehung operiert wurden. Die meisten der bekannten Vorbeugemaßnahmen scheinen keinen Einfluss auf das Risiko zu haben, wobei die erhöhten Futterschüsseln das Risiko offensichtlich noch erhöhen. Die Anzahl der täglichen Mahlzeiten wiederum scheint einen Einfluss zu haben. Weniger Mahlzeiten sollen das Risiko erhöhen.

Auch das Verhalten kann einen Einfluss auf das Risiko ausüben. Ängstliche und aggressive Hunde scheinen mit höherem Risiko behaftet als ausgeglichene.

Die Todesrate bei Magendrehung liegt immer noch sehr hoch: bei fast einem Viertel innerhalb der ersten sieben Tage. Wobei auch festzustellen ist, dass etwa die Hälfte der Hunde stirbt, ehe eine Behandlung möglich ist. Je schlechter das Allgemeinbefinden bei Erreichen des Tierarztes, desto geringer die Überlebenschance.

Die Magendrehung ist also eine lebensbedrohende Erkrankung, die eine sofortige Behandlung erfordert. Nur eine Röntgenaufnahme kann klären, ob es sich um eine harmlose Verstimmung oder lebensbedrohende Erkrankung handelt. Auch wenn der Magen nur aufgebläht, aber nicht verdreht ist, sollte sofort operiert werden. Nur so kann einer Verdrehung wirksam begegnet werden. Bei Verdacht auf Magendrehung sollte jeder Halter auf einer sofortigen Röntgenaufnahme bestehen. Leider kommen Fehldiagnosen und Fehlbehandlungen immer wieder vor, mit fast immer tödlichem Ausgang.

Futterallergien

Wenn Ihr Hund allergisch auf bestimmte Nahrungsmittel reagiert, sollten Sie zusammen mit Ihrem Tierarzt herausfinden, welcher Bestandteil der Nahrung dafür verantwortlich ist. Dann können Sie die Ernährung Ihres Hundes entsprechend anpassen. Häufig handelt es sich bei den allergieauslösenden Stoffen um bestimmte Eiweiße. Die häufigsten Symptome sind Juckreiz oder Durchfall. Um festzustellen, welcher Stoff für die Reaktion verantwortlich ist, sollten Sie mit dem Tierarzt zusammenarbeiten.

Um dem Problem auf den Grund zu gehen, wird der Arzt Sie bitten, alle Nahrungsmittel im Futter Ihres Hundes aufzulisten. Das schließt auch Leckerbissen, Knochen und Tischreste mit ein. Er wird dann Nahrungsmittel auswählen, die der Hund zuvor noch nicht gefressen hat. Aus diesen Nahrungsmitteln wird er eine individuelle Diät für Ihren Hund zusammenstellen. Diese Art der Ernährung nennt man Eliminierungskost. Für den vom Tierarzt vorgeschriebenen Zeitraum, meist acht Wochen, dürfen Sie Ihrem Hund nur diese Spezialdiät anbieten. Die Eliminierungskost ist das sicherste Mittel herauszufinden, ob Ihr Hund unter einer Futterallergie leidet. Es kann bis zu zehn Wochen dauern, bis der durch die Allergie ausgelöste Juckreiz und die Haut- und Fellschäden vollständig verschwunden sind. Daher ist es wichtig, dass die Eliminierungsdiät eine Vollnahrung ist, die Ihren Hund mit allen Nährstoffen, Vitaminen und Mineralstoffen versorgt.

Sobald die Symptome zurückgegangen sind, kann Ihr Tierarzt empfehlen, verschiedene Nahrungsmittel auszuprobieren. Auf diese Weise soll der Auslöser der Allergie ermittelt werden. Zu diesem Zweck werden dem Futter kleine Mengen eines verdächtigen Nahrungsmittels zugesetzt, wöchentlich ein anderes. Wenn die gleichen Symptome, an denen Ihr Hund schon einmal gelitten hat, wieder auftreten, haben Sie den schuldigen Futterbestandteil wahrscheinlich gefunden. Wenn Sie ihm diesen Futtertest nicht antun wollen und Ihr Hund sich mit der Eliminierungskost wohl fühlt, können Sie ihm diese auch weiterhin geben – solange es sich um eine vollwertige und ausgewogene Nahrung handelt.

Parasiten: Flöhe

Flöhe führen bei Hunden zu Juckreiz und Hauterkrankungen. Dass ein Hund von ihnen befallen ist, kann man leicht am unablässigen Kratzen erkennen. Es kommt aber auch hin und wieder vor, dass Hunde weit schlimmere Folgen des Flohbefalls erleiden müssen. Dabei kann es sich um Hautinfektionen, Schuppen, Haarlosigkeit, einer Flohspeichelallergie oder Sekundärinfektionen handeln.

Die meisten Mittel sind für Hund und Mensch nicht giftig. Speziell Pyrethine aus Chrysanthemum-Arten wirken schonend, da sie auf natürliche Weise einwirken.

Synthetische Mittel wie Peremethrin sind zwar stärker in der Wirkung, können sich aber giftig auf andere Tierarten, wie zum Beispiel Katzen, auswirken.

TIPP

Auf den Geruch kommt es an

Um Flöhe abzuschrecken, reicht es, dass Ihr Hund einen für diese Parasiten unerträglichen Geruch ausscheidet. Um dies zu bewirken, geben Sie Ihrem Hund ein Stück Knoblauch ins Fressen. Darüber hinaus ist das regelmäßige Bürsten sehr wichtig, da man so Ekzeme, Zecken oder Flöhe findet. Außerdem genießt Ihr vierbeiniger Freund diese Zuwendung.

Weitestgehend ungefährlich, aber recht nützlich sind Flohhalsbänder, die durch spezielle Wirkstoffe sowohl die Flöhe als auch deren Eier ausrotten und gleichzeitig einen weiteren Befall von Flöhen vehindern. Mit solchen Mitteln sollte man jedoch speziell bei Welpen und trächtigen Hündinnen mit Bedacht umgehen, da sie sehr empfindlich darauf reagieren.

Parasiten: Würmer

Man muss sie nicht sehen, die Würmer im Kot. Wenn nur der Verdacht besteht, der Hund könnte Würmer haben, ist der Tierarztbesuch angesagt. Würmer gibt es in verschiedenen Arten, wobei die verbreitetsten Rundwürmer, Hackenwürmer, Peitschenwürmer und Bandwürmer sind.

Hunde besitzen sie meist seit der Geburt oder werden von der eigenen Mutter angesteckt. Die Auswirkungen von Würmern auf Hunde sind, genauso wie ihr Einwirkungsbereich, unterschiedlich.

Band - und Rundwürmer können nach einiger Zeit im Kot des Hundes ausfindig gemacht werden, verursachen aber nur Durchfall, Erbrechen oder Juckreiz am After. Hacken- und Peitschenwürmer sind schwieriger auszumachen und sind die Urheber von

TIPP

Altersgerecht entwurmen

Die Pharmaindustrie warf in den letzten Jahren eine Menge von mehr oder weniger wirksamen und auf Altersstufen abgestimmten Arzneimitteln gegen Würmer auf den Markt. Welpen müssen häufig entwurmt werden, dafür aber besaonders schonend, weil eine Entwurmung immer den Körper „schlaucht“. Bei erwachsenen Hunden genügt im Normalfall eine halbjährliche Entwurmungskur.

Blutarmut, Austrocknung und Mangelerscheinungen trotz ausgewogener Ernährung. Um den Hund langfristig vor Wurmbefall zu bewahren, sollte man ihn regelmäßig zweimal im Jahr einer Entwurmung unterziehen. Wenn der Hund vor einer Impfung steht, sollte man ihn etwa zwei bis drei Wochen vor der Impfung entwurmen, um eine erfolgreiche Impfung zu garantieren. Mittel gegen Würmer sind mit Vorsicht zu wählen, da sie Wirkstoffe enthalten können, die für den Hund schädlich sind.

Parasiten: Milben

Der Hautparasit lebt im Erdboden und vermehrt sich explosionsartig im Spätsommer und im Herbst. Nur die Larven der Herbstgrasmilben sind Parasiten beim Tier und selten auch beim Menschen. Die orangerot gefärbte Larve heftet sich an die Haut und verursacht trockene Krüstchen und einen erheblichen Juckreiz.

Bevorzugte Saugplätze sind: Zwischenzehenhaut, Lidrand, Ellbogenbeuge, Schultergegend, Achsel, Anus, Ohrfalte, Ohrrand, Bauch in Zitzennähe.

Oft ballen sich die Larven zusammen und erscheinen wie orangefarbene Häufchen. Dieses Krankheitsbild nennt man dann Trombikulose.

Die Milben lassen sich, je nach Methode, innerhalb von ein bis zwei Monaten bekämpfen.

Am häufigsten benutzt man medizinische Bäder, die aus einer Kalk- oder Schwefellösung bestehen. Tierärzte hingegen nutzen regelmäßig Injektionen, um Milben zu bekämpfen. Jedoch kann sich der Hund auch, nachdem er behandelt wurde, erneut bei einem Artgenossen anstecken.

Ohrmilben ernähren sich vom Ohrenschmalz oder anderem Schmutz und lösen bei dem Hund einen Juckreiz aus. Mit

Milben kann sich der Hund fast von jedem Pelztier infizieren. Bei der Bekämpfung von Ohrmilben vertraut man auf eine Pflege der Ohren mit Tropfen, die etwa einen Monat dauert.

Räude

Sarcoptes-Milben verursachen eine schwerwiegende Hauterkrankung: die Räude. Die Milben übertragen sich durch flüchtigen Kontakt von Tier zu Tier. Möglich ist auch eine Ansteckung in Zwingern und Transportboxen, in denen vorher räudige Tiere waren, oder über Haarkämme und Bürsten.

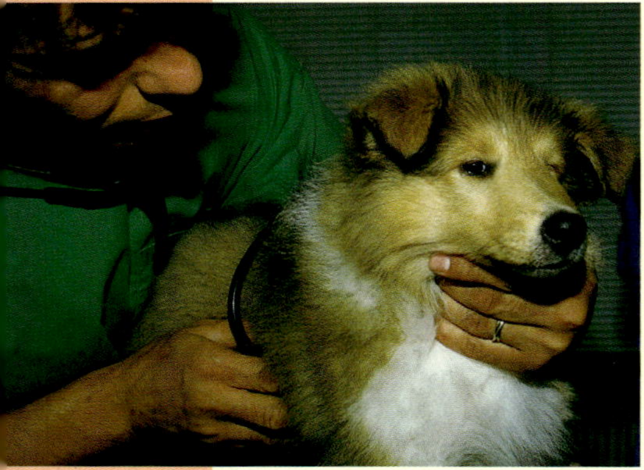

Zuerst fallen besonders der starke Juckreiz, blutig gekratzte Hautpartien am Unterbauch und krustige Veränderungen an Ellbogen und Ohrrändern auf. Bei engem Kontakt mit einem an Sarcoptes-Räude erkrankten Hund können die Milben auf Menschen übergreifen, sich aber dort nicht vermehren.

Zur Behandlung der Räude müssen Sie unbedingt einen Tierarzt aufsuchen, nicht nur im Interesse des Hundes, sondern auch, weil sich sonst bald die ganze Familie kratzen wird.

TIPP

Linderung aus der Natur

Um den Juckreiz zu lindern und Schlimmeres zu verhindern, sollten Sie bereits beim ersten Milbenbefall eine Zitronenlösung verwenden, da Zitrone wie ein Insektizid wirkt. Kochen Sie dazu eine in Scheiben geschnittene Zitrone in 600 ml Wasser auf und lassen Sie sie über Nacht ziehen. Dann tragen Sie die Lösung auf die befallenen Hautpartien auf.

Parasiten: Zecken

Zecken sind nicht nur lästige, blutsaugende Insekten, sondern auch die Überträger gefährlicher Krankheiten wie Borreliose und Enzephalitis. Ein weitverbreiteter Irrglaube ist, dass sich Zecken (oder Holzböcke) aus den Bäumen auf ihre Opfer fallen lassen. Die lästigen Blutsauger sind jedoch im hohen Gras und im Gebüsch zu finden. Beim Herumtollen in der freien Natur kann man also recht leicht mit ihnen in Kontakt kommen. Suchen Sie in befallenen Gebieten sich selbst und Ihren Hund jeden Abend nach Zecken ab.

Gefundene Tierchen entfernen Sie mit einer Pinzette oder einer Zeckenzange, indem Sie die Zecke möglichst hautnah erfassen, leicht hin und her drehen (nicht „schrauben"), um die Verankerung zu lockern, und herausziehen. Bleibt dabei der Kopf stecken, kann dies zu einer leichten, aber ungefährlichen Entzündung führen. Eine Zecke muss so schnell wie möglich entfernt werden, da die Übertragung einer Infektion schon nach ein bis drei Tagen erfolgen kann.

Behandeln Sie den Holzbock auf keinen Fall mit Öl, Alkohol, Äther und Ähnlichem. Die Zecke erbricht sich dabei durch ihren Saugrüssel in den Wirtskörper, und es passiert genau das, was man vermeiden wollte: Mögliche Krankheitserreger werden übertragen.

Zur Vorbeugung benutzt man häufiger ein spezielles Hundehalsband, dass Propoxur enthält und Zecken auf Distanz hält. Beim Arzt werden Sprays empfohlen, die Fiporonil enthalten und die außerdem auch für Welpen und trächtige Hündinnen verträglich sind.

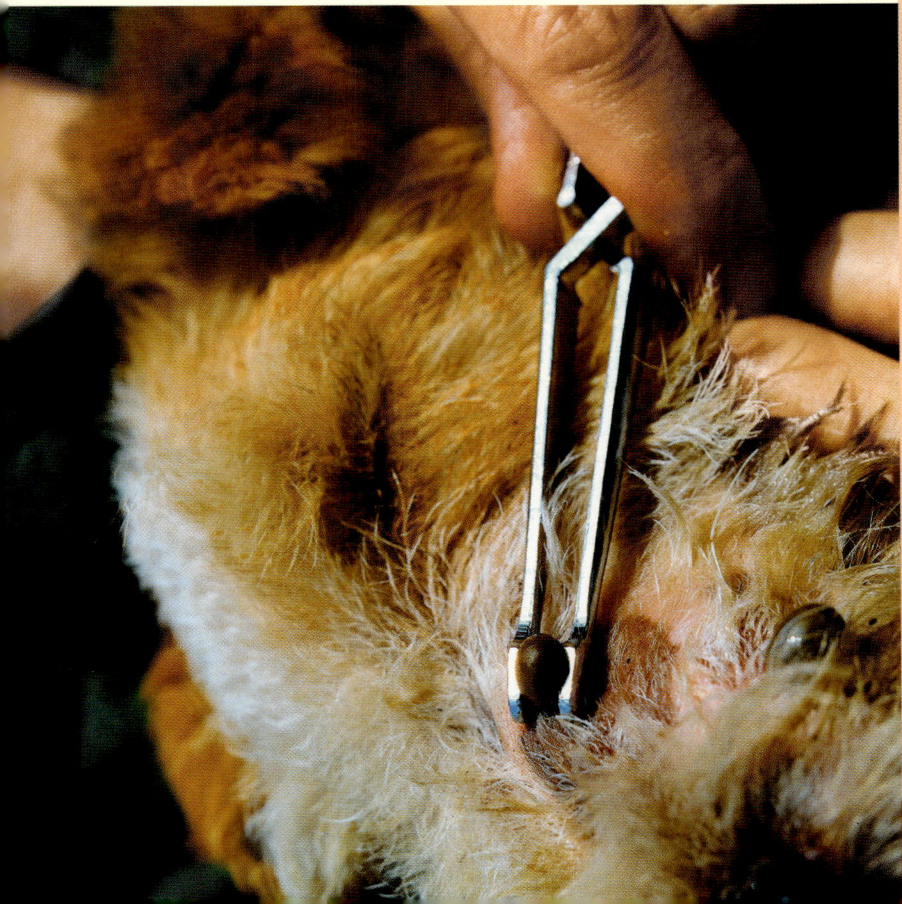

Impfung gegen Zecken?

Vielfach hört man die Frage, ob man seinen Hund gegen Zecken impfen lassen soll. Es gibt jedoch keine Impfung „gegen Zecken", sondern allenfalls gegen einige der von Zecken übertragenen Krankheiten. Die bei uns bekanntesten sind die durch Bakterien hervorgerufene Lyme-Borreliose und die virusinduzierte FSME (Frühsommermeningoencephalitis, eine Form der Hirnhautentzündung).

Gegen die FSME kann man den Menschen impfen; wer in Deutschland südlich der Mainlinie wohnt und viel mit Zecken in Kontakt kommt, sollte sich selbst gegebenenfalls impfen lassen.

Angaben über die Häufigkeit von FSME bei Hunden sind widersprüchlich, die meisten früheren Berichte darüber erwiesen sich als falsch: In Wirklichkeit handelte es sich meist um andere Krankheiten. In Deutschland ist FSME bei Hunden jedenfalls selten. Einen Impfstoff für Hunde gibt es derzeit nicht. Der in Deutschland erhältliche Impfstoff ist ausschließlich für den Menschen zugelassen. Ob eine FSME-Impfung bei Hunden in Deutschland überhaupt sinnvoll ist, erscheint wegen der Seltenheit der Krankheit zweifelhaft.

Anders steht es mit der Lyme-Borreliose, gegen die es in Mitteleuropa einen Impfstoff gibt – hier jedoch nur für Hunde, nicht aber für den Menschen.

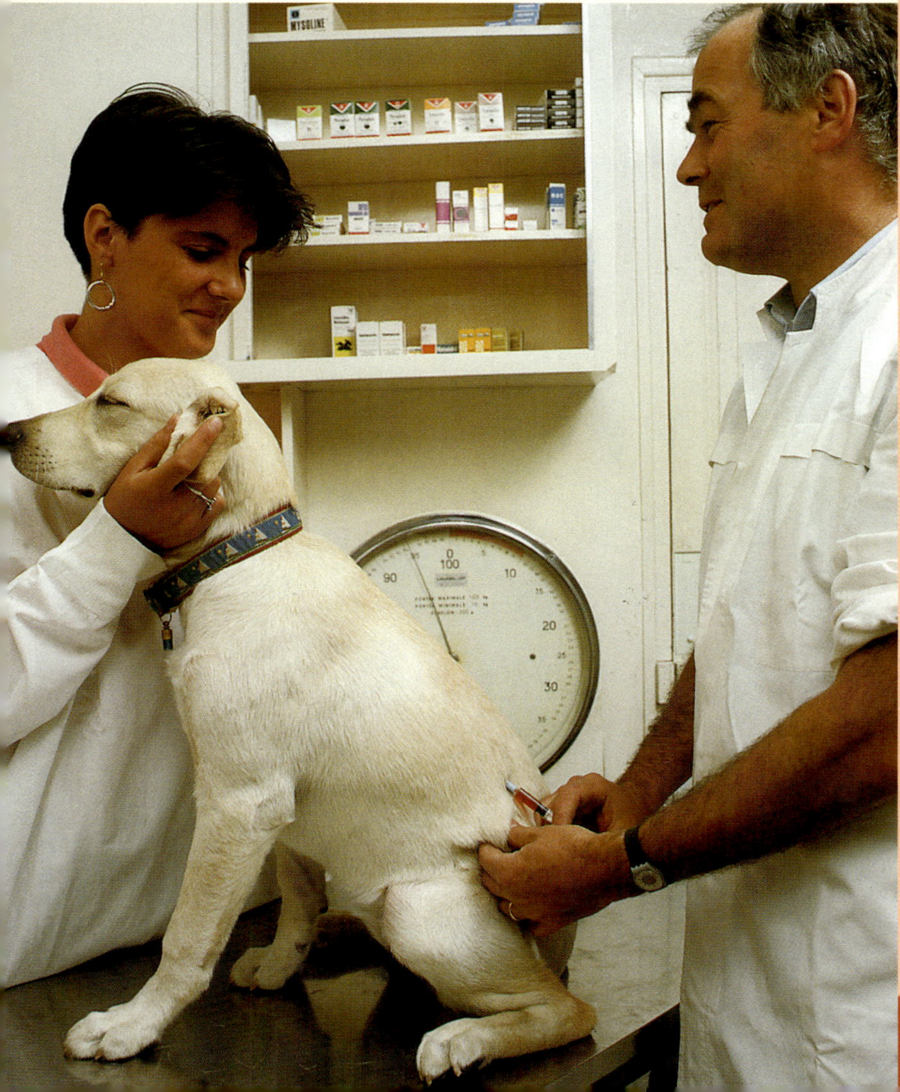

Leishmaniose

Die canine Leishmaniose ist eine gefährliche, oft tödlich verlaufende Erkrankung beim Hund. Ausgelöst wird sie durch

einzellige Parasiten (*Leishmania infantum*), die über den Stich von Sandmücken in die Blutbahn des Hundes gelangen – ähnlich dem Malaria-Erreger, der ebenfalls von bestimmten Mückenarten auf den Menschen übertragen wird. Der Erreger siedelt sich in Zellen im Blut, in der Haut und in Organen des Hundes an, vermehrt sich hier und führt so zu einem Zelluntergang und gesundheitlichen Schäden. Die Formen und Auswirkungen der Leishmaniose sind sehr unterschiedlich. Sie reichen von einfachen Hautveränderungen bis hin zur tödlichen Allgemeinerkrankung. Meist beginnt die Erkrankung mit Haarverlust, starker Schuppenbildung und kleinen offenen Wunden, besonders um Augen und Schnauze herum. Später

INFO

Wo kann sich ein Hund anstecken?

Vorrangig leben Sandmücken in den Ländern des Mittelmeerraumes wie Portugal, Spanien, Frankreich, Italien, Malta, Griechenland und Türkei, aber auch in Ägypten, Libyen, Tunesien, Algerien und Marokko. In den letzten Jahren wurden auch in anderen Regionen, sogar in Deutschland, Mücken gefunden, die als Leishmaniose-Überträger in Frage kommen. Ein Hund kann sich überall dort anstecken, wo mit Leishmaniose-Erregern infizierte Sandmücken vorkommen. In Tierarztpraxen erhalten Sie Protectorbänder, die das Risiko einer Ansteckung vermindern. Lassen Sie sich von Ihrem Tierarzt beraten.

dehnen sich diese Anzeichen auf die Hinterbeine und den gesamten Körper des Hundes aus. Das Tier verliert seinen Appetit und nimmt deutlich ab. Auch Augenläsionen, Durchfall und Nasenbluten können auftreten. Im fortgeschrittenen Stadium kommt es zu einer Blutarmut (Anämie) und schweren Nierenschäden, was zum Tode des Hundes führen kann.

Tollwut

Alle Säugetiere und Vögel, auch Menschen sind durch diese bekannte Erkrankung gefährdet. Sie entzündet vor allem das Gehirn. Übertragen wird Tollwut meist mit dem Speichel durch den Biss eines erkrankten Tieres. Daher sollten Bisswunden immer sofort gründlich desinfiziert werden. Von der Bissstelle aus wandern die Viren an den Nerven entlang Richtung Rückenmark und anschließend zum Gehirn, von dort aus zu den Speicheldrüsen, von denen aus das Unheil weiter übertragen werden kann.

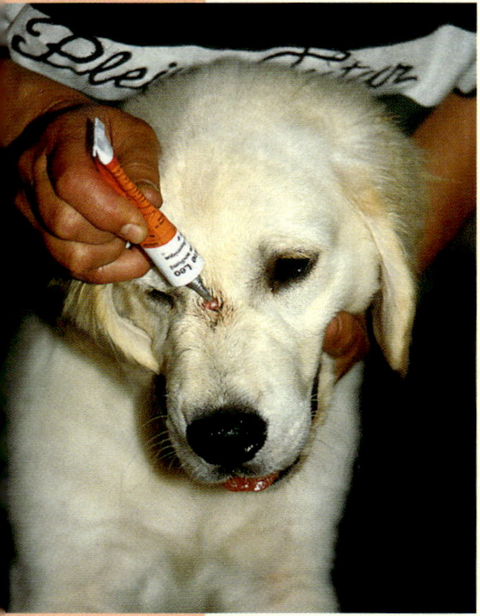

Während der Erkrankung durchlaufen die Tiere drei mehr oder weniger ausgeprägte Phasen, die von Verhaltensänderung (wilde Tiere werden zutraulich) über Aggressivität zur Depression mit Lähmungen verschiedener Muskeln reichen. Die Erkrankung endet meist mit dem Tod. Es gibt jedoch auch – atypische – mildere Formen der Tollwut.

Sind die Tiere erst einmal erkrankt, ist deren Behandlung gesetzlich verboten, sogar nur bei Verdacht auf Tollwut sind die Tiere zu töten. Es sei denn, man kann eine gültige Schutzimpfung nachweisen, die nicht länger als zwölf Monate zurückliegt (Tollwut-Verordnung).

Herzerkrankungen

Fast jedes zehnte Hundeherz ist in seiner Funktion gestört. Für die meisten erworbenen Herzerkrankungen und -fehler besteht eine rassenspezifische Vorbelastung. Tiere mit Herzproblemen halten Salz und Wasser im Körper zurück. Die Flüssigkeit sammelt sich in den Lungen und im Bauch an und verursacht Husten, Atembeschwerden und Schwellungen. Die Körperzellen werden weniger mit Sauerstoff und Nährstoffen versorgt, was zu Ermüdung und Schwäche des gesamten Organismus führt.

Ein Hund mit einer Herzkrankheit muss sein Leben lang mit Medikamenten behandelt werden. Sie können die Behandlung mit der richtigen Ernährung und leichtem Training unterstützen. Salzarme Kost entlastet, und Bewegung in Maßen trainiert das kranke Herz. So kann auch ein kranker Hund noch ein relativ langes und glückliches Leben führen.

Es gibt Spezialdiäten für Hunde mit Herzkrankheiten, die zwar salzarm sind, den Hund aber trotzdem mit allen notwendigen Stoffen versorgen. Falls Ihr Hund harntreibende Medikamente zur Entwässerung erhält, kann eine Ergänzung mit B-Vitaminpräparaten sinnvoll sein. Denn bei einer starken Entwässerung verliert Ihr Hund auch Vitamine.

Denken Sie daran, Ihrem Hund keine Snacks, Leckerbissen oder andere Kleinigkeiten zu geben, da diese einen höheren Salzgehalt haben können, als Ihr Tier verträgt.

Wenn Ihr Hund Übergewicht hat, sollte er abnehmen, denn jedes Gramm zuviel belastet Herz und Kreislauf. Reduzieren Sie sein Futter oder füttern Sie eine kalorienarme Vollnahrung, bis er sein Idealgewicht erreicht hat. Das ist dann der Fall, wenn Sie seine Rippen beim Streicheln zwar fühlen, aber nicht sehen können.

Harnwegserkrankungen

Die **Harnwegsentzündung** hat bakterielle Ursachen und bewirkt einen erhöhten Harndrang. Der Rüde hebt das Bein häufiger, die Hündin setzt sich häufiger hin als sonst. Bei beiden kommt aber fast nichts an Harn. Manchmal ist Harn mit Bluttropfen vermischt. Die Hunde sind dann oft nicht mehr stubenrein. Der Tierarzt verschreibt entzündungsauflösende Medikamente. Gleichzeitig sollten Sie dem Hund viel zu trinken geben, damit die Harnwege frei werden, und ihn oft urinieren lassen.

Der **Blasenstein** ähnelt dem Nierenstein beim Menschen. Um die Bildung von Blasensteinen zu verhindern, empfiehlt es sich, dem Hund viel zu trinken zu geben und ihn oft auszuführen, damit die Substanz der Blasensteine weggeschwemmt wird, bevor sie zu Steinen verhärtet. Auch bei Blasensteinen treten dann häufiges Harnabsetzen und starkes Trinken sowie Blut im Harn auf. Es kann beim Rüden durch die Verengung des Harnleiters zu einem Rückstau kommen. Eine spezielle Diät kann Harnsteine auflösen, in heftigeren Fällen müssen die Harnsteine

TIPP

Zur Nieren- und Blasenstärkung

Alfalfa, je nach Größe des Hundes bis zu vier Tabletten täglich, kann der Stärkung des Nieren- und Blasengewebes dienen. Zerkleinern Sie sie und mischen Sie sie unter das Futter. Zerhackte frische Petersilie kann, regelmäßig unter das Futter gemischt, ebenfalls hilfreich sein.

operativ entfernt und eine Neubildung ebenfalls durch eine entsprechende Diät verhindert werden.

Das **Harnträufeln** kommt verbreitet bei Welpen vor, meist geschieht dies aus Aufregung oder aus Angst und ist völlig normal. Kommt es beim erwachsenen Hund zum Verlust von Harntropfen, kann bei Rüden eine Prostatavergrößerung die Ursache sein, bei der Hündin ein Verlust weiblicher Hormone nach der Kastration. Auch Nervenschäden können ursächlich sein. In diesen Fällen richtet sich die Medikation des Tierarztes nach den Ursachen.

Epilepsie

Fürchterliche Vorurteile begleiten diese meist erbliche Krankheit. Es sieht schrecklich aus, wie ein Todeskampf. Der Hund ist danach natürlich traumatisiert – wie der hilflose Zuschauer auch. So ein Krampfanfall (er kann zwei oder 30 Minuten dauern, einmal im Jahr oder mehrmals am Tage) sieht jedesmal fürchterlich endgültig aus.

Es ist ein Geduldspiel mit der Medikation – wenn der Hund Glück hat. Mit dem wirksamen Medikament und der richtigen Dosierung kann ein epileptischer Hund lang und glücklich leben, vorausgesetzt er steht nicht ständig unter Stress. Die Tiermedizin weiß noch sehr wenig über die verschiedenen Formen und Ursachen der Epilepsie. Durch die Kenntnis des symptomatischen Verlaufs der verschiedenen Formen, vor allem der häufigen vererblichen Epilepsie bei jungen Tieren, kann man inzwischen schon relativ sicher diagnostizieren. Man muss aber weiterhin stark auf das Ausschlussprinzip anderer ähnlicher Krankheitsverläufe bauen. Krämpfe durch Vergiftungen verlaufen zunächst ähnlich, in der Folge aber erholt sich der Hund bei Vergiftungen, wenn sie nicht gleich tödlich wirken, viel langsamer als bei einer Epilepsie. Denn die Hirnstromstörung bewirkt nach dem Krampf nur ein Trauma, das mehr oder weniger schnell vom Hund verarbeitet wird. Etwa schon eine Viertelstunde „danach" wirkt er, als ob nichts passiert wäre. Jeder behandelnde Tierarzt ist auf genaue Schilderungen des Halters angewiesen, wo sich der Hund aufhält, was er wo eventuell aufgenommen haben kann, wie der Krampfanfall ablief.

Hüftgelenksdysplasie

Die Hüftgelenksdysplasie ist erblich, wird jedoch erst im Alter von zwei Jahren sichtbar. Bei der Hüftgelenksdysplasie, kurz auch als HD bezeichnet, handelt es sich um eine Missbildung der Beckenknochen, die mit einer ungleichmäßigen Abnutzung verbunden ist und zur Arthrosebildung führt. Diese Krankheit bewirkt, dass die Hinterläufe steif werden und Schmerzen verursachen. Eine mineralstoffarme Nahrung und nicht zuviel Bewegung verhilft zur Linderung der Schmerzen.

Besonders anfällig für Hüftgelenksdysplasie sind die folgenden Rassen: Berner Sennenhund, Dalmatiner, Dobermann, English Springer-Spaniel, Deutscher Schäferhund, Deutsch Kurzhaar, Golden Retriever, Labrador-Retriever, Welsh Corgi, Königspudel und Siberian Husky.

INFO

Ellenbogengelenksdysplasie

Immer mehr mittelgroße und große Hunde leiden an Ellenbogengelenksdysplasie. Der Hund leidet unter schmerzhafter Lahmheit, bewegt sich nur, wenn es eben sein muss, und auch die Gliedmaßen können Fehlstellungen aufweisen. Die Beschwerden treten meistens während der stärksten Wachstumsphase auf, also zwischen dem vierten bis achten Monat.

Unter den erblichen Erkrankungen nimmt die HD immer noch eine Spitzenstellung ein. Viele Zuchtverbände streiten sich um die günstigste oder korrekte Auslegung der Röntgenbilder. Auch dabei kann vertuscht und gemauschelt werden. Es gilt jedoch, durch sorgfältige Auswahl von HD-beeinflussenden Genen unterhalb jener Grenzwerte zu bleiben, die eine HD entstehen lassen. Zwar hat die Umgebung, in der sich ein Hund aufhält, einen Einfluss auf die Entwicklung einer HD, doch sollten Züchter künftiges Zuchtpotenzial unter vergleichbaren Aufzuchtbedingungen bewerten, in denen vor HD weder besonders geschützt noch die Bildung gefördert wurde.

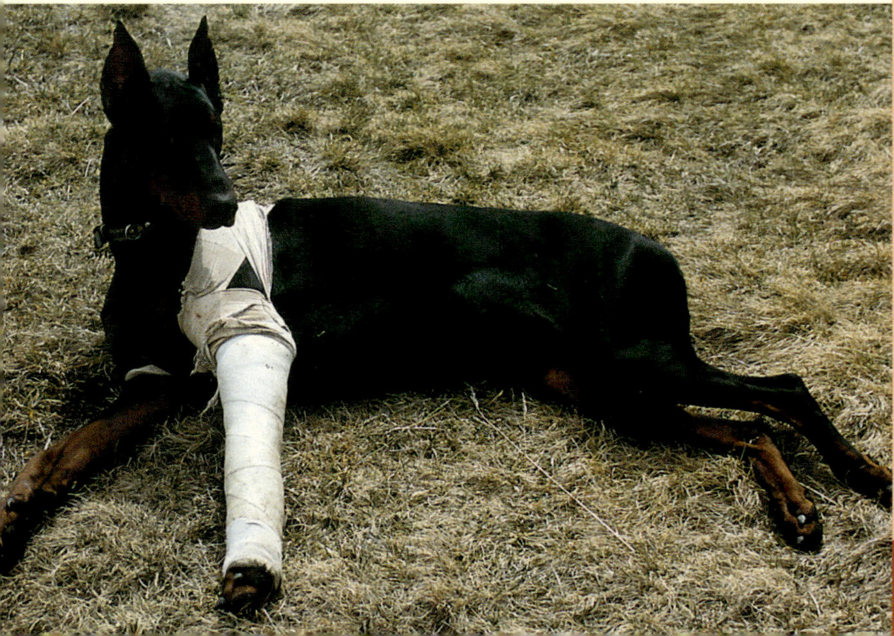

Der Impfplan

Grundsätzlich sollten nur gesunde und parasitenfreie Tiere geimpft werden. Nur so ist mit genügend Abwehrstoffen zu rechnen.

Alle Impfungen sind ein nur fast perfekter Schutz. Sie wirken lediglich dann, wenn bei erwachsenen Hunden mindestens alle sechs Monate eine Wurmkur (gegen Band-, Spul- und Fuchsbandwürmer) durchgeführt worden ist.

Dazu misst man das Gewicht des Hundes und stimmt darauf die Dosis ab (eine ganze Tablette pro 10 kg). Der Hund muss natürlich fieberfrei sein.

INFO

Würmer und Welpen

Welpen oder Junghunde sollten wegen des erhöhten Schnupperns an fremdem Kot und durch mehr Sozialkontakte zu anderen Hunden alle zwei Monate entwurmt werden. Eine Probe (es reicht wirklich eine Probe) des ausgedufteten Inhalts übergeben Sie per Plastiktüte dem Tierarzt/der Tierärztin, der auf Wurmbefall analysieren lässt. Die übelsten Wurmstätten sind nicht so sehr Wald und Flur, sondern Hundeplätze und vor allem die leidigen „freien" Klos in den Städten.

Im Alter von	Impfung gegen
ca. 6–8 Wochen	Parvovirose, Zwingerhusten
ca. 8–10 Wochen	Staupe, Hepatitis, Leptospirose
ca. 10–12 Wochen	Parvovirose, Zwingerhusten
ca. 12–14 Wochen	Staupe, Hepatitis, Leptospirose, Tollwut

Jährliche Wiederholung (Achtfachimpfung bis fünf Jahre): Staupe, Hepatitis, zweierlei Formen von Leptospirose, zweifache Parvovirose, Zwingerhusten, Tollwut. Im höheren Alter reicht die Dreifachimpfung.

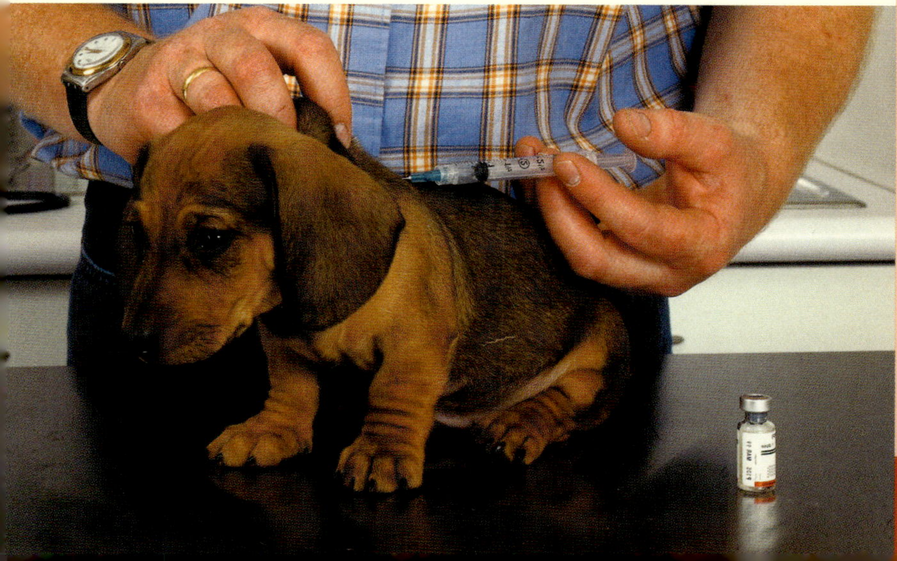

Impfpraxis in der Kritik

Viele Halter lassen ihre Hunde regelmäßig jedes Jahr „voll" impfen. Damit folgen sie den Empfehlungen der Pharmahersteller und dem Rat vieler Tierärzte.

Diese Impfpraxis wird allerdings zunehmend kritisiert. In den letzten Jahren wächst kontinuierlich die Zahl von Veterinären, die die häufigen Impfungen für schädlich, zumindest aber für unnötig halten. Hintergrund für die wachsende Kritik an der herrschenden Impfpraxis sind Gesundheitsschäden, die in Zusammenhang mit Impfungen beobachtet wurden (Zunahme von Allergien, Arthritis, Magen-Darm-Krankheiten, Verhaltensprobleme etc.), allgemeine immunologische Überlegungen und Untersuchungen, die auf die jahrelange Schutzdauer verschiedener Impfungen hinweisen.

Geimpft wird in der Regel mit fünf- bis siebenfachen Kombinationspräparaten. Dabei ist die in der Kombination enthaltene Tollwutimpfung die eigentliche Taktgeberin der jährlichen Auffrischungen. Für die Tollwut gelten nämlich spezielle gesetzliche Regelungen. Um aufgrund der gesetzlichen Regelungen keinerlei Risiko einzugehen, raten selbst Impfkritiker bei uns zur jährlichen Tollwutimpfung.

Forscher gehen jedoch davon aus, dass der Impfschutz gegen virale Erkrankungen wie Parvovirose, Staupe oder die ansteckende Leberentzündung sehr viel länger als ein Jahr anhält. Auf der anderen Seite liegt die Schutzdauer für bakteriell verursachte Krankheiten wie Zwingerhusten und Leptospirose offenbar unter einem Jahr.

Diese Krankheiten sind in der Regel gut behandelbar, die Impfungen dagegen aber umstritten.

Wie oft und gegen was alles ein Hund zu impfen ist, muss letztendlich immer individuell entschieden werden. Dabei sind die Lebensbedingungen des Tieres ausschlaggebend, Alter und Gesundheitszustand, aber auch die Frage, was ein Tierhalter am ehesten für sich vertreten kann. Der beste Schutz gegen Infektionskrankheiten sind nicht die Impfungen, sondern vor allem ein gutes Immunsystem, Hygiene, eine tierfreundliche Umgebung, gute Ernährung und eingehende tierärztliche Beratung zur richtigen Haltung. Schlecht ernährte Tiere, die unter Dauerstress leben, sind auch durch Impfungen nicht immer ausreichend vor Krankheiten geschützt.

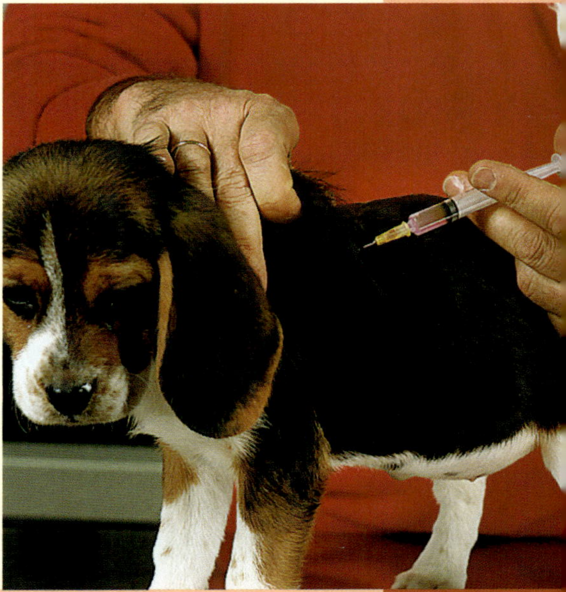

Der alte Hund

Ältere Hunde haben spezielle Bedürfnisse, weil ihr gesamter Organismus allmählich langsamer arbeitet und die ersten Verschleißerscheinungen auftreten. Je nach Rasse ist die Lebenserwartung von Hunden sehr unterschiedlich. Der Alterungsprozess setzt spätestens im Alter von acht oder neun Jahren ein. Große Rassen gelten bereits mit acht Jahren (oder noch früher) als alt, Terrier und Pudel dagegen können zwölf Jahre und älter werden.

Neben der Rasse spielen auch noch viele andere Faktoren eine Rolle bei der Bestimmung der Lebenserwartung. Durch einen guten Start ins Leben, richtige Pflege und Ernährung können Sie einem jungen Hund ein langes, aktives Leben ermöglichen.

Da Sie jeden Tag mit Ihrem Hund zusammen sind, bemerken Sie das Einsetzen des Alterungsprozesses nur, wenn Sie gezielt darauf achten. Hat der Alterungsprozess bei Ihrem Hund begonnen, können Sie ihm sein verbleibendes Leben mit wenig Aufwand sehr angenehm machen. Regelmäßige Tierarztbesuche sind hierbei ebenso notwendig wie eine besondere Pflege, damit Ihr Hund bis zuletzt gesund bleibt.

Vom Alterungsprozess sind alle lebenswichtigen Körperorgane betroffen. Ihr Hund ist weniger bewegungsfreudig und wird daher auch weniger Kalorien brauchen. Seine Organe funktionieren oft nicht mehr so zuverlässig wie früher. Da der Stoffwechsel langsamer arbeitet, wird er mit Krankheiten und Stresssituationen nicht mehr so gut fertig wie früher. Daher sollten Sie ihm Stress so weit wie möglich ersparen.

Für den Umgang mit einem alten Hund brauchen Sie manchmal Geduld, weil er langsamer reagiert. Möglicherweise kann er Sie auch nicht mehr gut hören oder sehen. Wenn er also nicht immer prompt reagiert, muss das nicht bedeuten, dass er Sie absichtlich ignoriert! Er braucht jetzt viel Hilfe und Gesellschaft. Seien Sie geduldig mit ihm, denn er hat es verdient.

Wenn der Abschied naht

Obwohl die Entscheidung, einen weiteren Hund im Haushalt aufzunehmen, gut überlegt sein will, sind viele Hundebesitzer der Meinung, dass ein Welpe ihrem in die Jahre gekommenen Hund noch einmal neuen Schwung gibt. Auch wenn Ihr Hund unersetzlich ist, kann Ihnen ein jüngerer Hund den Abschied von Ihrem alten Freund ein wenig leichter machen, wenn die Zeit dafür gekommen ist.

Die zweifellos schwerste Entscheidung für einen Hundebesitzer ist die Frage, ob ein alter Hund eingeschläfert werden muss. Jeder hofft, dass sein Hund eines Tages friedlich für immer entschläft, aber leider sieht die Realität für viele Hunde anders aus. Wenn Ihr Hund an einer unheilbaren Krankheit leidet und ständig Schmerzen hat, ist es für ihn am besten, wenn Sie ihm ein schnelles, schmerzloses Ende gewähren. Sie sollten diese Frage eingehend mit dem Tierarzt besprechen, und beide Seiten müssen davon überzeugt sein, dass es das Beste für Ihren Hund ist. Um Missverständnisse zu vermeiden, sollten Sie dem Tierarzt Ihre Gefühle genau erklären. Ihr Hund wird durch eine schmerzlose Injektion binnen weniger Sekunden erlöst.

Der Verlust eines Freundes ist immer schwer zu ertragen, und es ist nicht leicht zu akzeptieren, dass Ihr Hund nicht immer für Sie da sein wird. Tun Sie Ihr Bestes mit Geduld und Liebe, um ihm seine letzten Stunden so bequem und angenehm wie möglich zu machen.

Register